리더
와
보스

리더

홍사중 지음

와

보스

사계절

『리더와 보스』의 첫 판이 출간된 것은 1997년 가을의 일이다. 그 후 18년이 지나는 동안 22쇄나 발행이 되었다고 한다. 많은 사람들이 이 책을 읽고, 인용하고, 추천해주었다. 이 낡고 오래된 책을 여전히 많은 사람들이 찾고 있다기에, 다른 한편으로 리더십의 문제는 그때나 지금이나 변함이 없기에 이번에 개정판을 출간하게 되었다.

그동안 몇 차례 정권이 바뀌고, 사회도 큰 변화를 겪었다. 정치·경제계는 물론 문화·예술 분야에서도 수많은 새로운 인사들이 등장했다. 당연히 새로운 유형의 리더와 리더십이 나올 만도 하다. 하지만 무수히 출간되는 리더십 관련 책들을 봐도 큰 틀에서는 별로 달라진 바가 없는 것 같다. 21세기의 다양한 책들에서 호출하는 리더의 모습은 수천 년 전 고전에서 언급한 리더의 모습과 상당 부분 겹쳐진다. 동서양의 고전과 역사책에서 많은 예를 취한 이 책이 지금껏 읽히는 이유도 그 때문일 것이다. 이상적인 리더의 모습은 아득한 옛날부터 지금까지 크게 달라지지 않았다.

예를 하나 들어보자. 중국 명나라의 관리 여곤이 지은 『신음어』는 중국 관리들의 지침서처럼 읽혀온 책이다. 이 책에서 제시하는 리더의 조건을 살펴보면 오늘날 우리가 바라는 리더의 모습과 크게 다르지 않다.

1. 심침후중深沈厚重: 침착하고 신중하며 위기에도 동요함이 없다.
2. 뇌락호웅磊落豪雄: 호탕하고 만사에 적극적으로 대응하며 사소한 일에 구애받지 않는다.
3. 총명재변聰明才辯: 머리가 좋고 말을 잘한다.

여곤은 이 가운데 '심침후중'을 첫째로 꼽았고, '뇌

락호웅'이 지나쳐 세심한 배려를 하지 못하는 이들과 '총명재변'이 도를 넘어 재치를 자랑하고 말재간을 부리는 이들을 경계했다. 그는 또한 사람을 9개의 등급으로 나누었다.

1. 군자 중의 군자: 재능과 덕행을 충분히 갖추고 있으며, 만사를 훌륭하게 처리하는 사람

2. 군자: 인간성이 더할 나위 없이 훌륭하지만, 재지才智가 다소 모자라는 사람

3. 선인善人: 인품이 온후하고 매사에 조신하고 판단력도 있지만, 결단력이 부족하고 노력은 하지만 자신을 확립하지 못하는 사람

4. 중인衆人: 재능, 덕행, 식견 모두 보통 수준이며 시세에 영합하고 욕심을 부리며 불똥이 튈 때는 제일 먼저 피하는 사람. 평범하기 그지없으며 무엇한 가지 해보려는 기력이 없는 사람

5. 소인: 편견, 사심, 이기심으로 가득 차 있지만 자기에게 이득이 된다면 굳이 남에게 해를 끼치지는 않는 사람

6. 소인 중의 소인: 음험하고 사악하고 탐욕스러운 사람. 모든 게 제멋대로이며 자기 욕심을 채우기 위해 잔재주를 부리고 남의 원한을 사면서도 태연히 죄를 저지르는 사람. 그러면서도 조금도 부끄러워하지 않는 사람

7. 소인으로 착각하기 쉬운 군자: 가까이하기 어려울 만큼 고고한 모습이 속세의 잣대로는 잴 수가 없는데, 통은 커서 소소한 것으로는 굴복시킬 수 없는 사람

8. 군자처럼 보이는 소인: 말도 잘하고 글재주도 있고 자기 속셈을 숨긴 채 엄청난 잘못을 저지르면서도 오히려 명성을 얻고, 말만 잘하면 후세에 이르도록 속여 넘길 수 있을 만큼 능수능란하고 교활한 사람

9. 군자와 소인의 중간: 올바른 사람처럼 보이지만 사실은 한쪽에 치우쳐 있고, 트집 잡을 수 없는 정론正論처럼 들리지만 사실은 독단과 사설로 가득 차 있으며, 학문을 하면 할수록 오히려 저속해지고, 소박한 옛것을 존중한다면서 사실은 진부해지

고, 마음이 너그러운 듯하면서도 사실은 옹졸하고, 엄격한 척하면서 함부로 사납게 구는 사람. 이런 사람은 군자다워지려고 마음먹으면 먹을수록 소인의 추악함을 드러내는 이로, 그가 하는 모든 일이 세상을 결단내기만 한다. 엄하게 경계해야 할 사람.

여곤이 사람을 이렇게 상세히 분류하면서 어떤 유형의 인물이 관리, 나아가 리더가 되어야 한다고 여겼을지는 굳이 말할 필요가 없을 것이다. 훌륭한 인재, 큰일을 맡을 사람, 조직을 이끌 리더를 골라내는 데는 이렇게 세심한 안목과 식견이 필요하다. 그러니 한 나라, 한 민족을 이끌 리더를 고르는 일은 얼마나 어렵겠는가. 역사가 이를 말해준다.

미국 건국의 아버지라 불리는 조지 워싱턴은 많은 사람들이 존경하는 대상이다. 그러나 모든 이가 그를 존경한 것은 아니다. 찰스 리 장군은 그를 "음침하고, 속셈이 있고, 야심에 차 있고, 허풍이 많고, 자만심이 많고, 오만스럽고, 집념이 강한 못된 놈"으로밖에 보지 않았다. 토머스 페인이 볼 때도 "친구 사이에 배신과 변절을 잘하며 공적인 삶에서도 위선적"이었다. 전 세계적인 존경을 받는 링컨 대통령도 헨리 워드 비처 목사에게는 "그에게는 천재성이라고는 티끌만큼도 없으며, 리더십도 없고, 조금의 영웅적인 열정도 보이지 않는다"는 혹평을 받았다. 뛰어난 정치가였던 처칠도 그의 호적수였던 어나이린 베번에게는 "청춘기의 무기력 증세에 시름하는 인간이며, 진부한 사고방식을 언어의 웅장함으로 덮었다. 그는 또 마치 패배는 신이 내린 것이고, 승리는 자기 힘으로 얻은 것인 양 착각하고 있다"는 평가를 받았다.

이처럼 모든 사람이 두루 인정하는 리더를 찾기란 쉬운 일이 아니다. 또한 대단히 훌륭한 리더에게도 모자라거나 추악한 일면이 있는 법이다. 어떤 시각에서는 뛰어나 보이는 면이 달리 보면 부족하거나 지나쳐 보일 수도 있다. 예를 들어 리더는 말을 잘하면 좋지만, 다른 한편으로 말이 너무 많거나 말만 앞서서는 안 된다. 또한 리더는 관대해야 하지만, 다른 한편으로 엄격함도 갖춰야 한다. 이와 같이 이 책에서는 얼핏 모순적으로 보이기도 하는 리더십의 다양한 측면을 두루 보여주려고 노력했다.

요즘 우리 사회를 보면 '보스'라고 할 만한 인물은 흔해도 참다운 리더는 찾기 어렵다. 보스 정도밖에 안 되면서 스스로 리더임을 자처하는 사람만 수두룩하다. 문제는 겉모습만 보고는 조직이나 사회, 나라의 미래를 맡길 만한 리더를 찾아내기 어렵다는 것이다. 이 책이 보스를 넘어서는 진정한 리더를 감별해내는 데 조금이라도 도움이 된다면 저자로서 더 바랄 게 없겠다.

1장

그 많던 리더는
다 어디로 갔을까?

영웅, 아니 리더를 기다리며

"영웅을 아쉬워하는 나라는 불행한 나라다."

베르톨트 브레히트의 희곡 「갈릴레오 갈릴레이의 생애」의 한 구절이다. 다행이라고 해야 할까. 지금 우리가 바라는 것은 영웅이 아니다. 우리가 영웅이 필요한 시대를 살고 있는 것도 아니다. 우리가 바라는 것은 우리를 제대로 이끌어줄 수 있는 리더다. 요즘 우리가 보고 듣고 경험하고 있는 이른바 리더들에 대한 실망이 너무나도 크기 때문이다.

19세기 후반에서 20세기 초에 이르는 반세기 동안 프랑스를 이끌어온 정치가 조르주 클레망소에게 어느 신문기자가 물었다.

"지금까지 당신이 만나본 정치가들 가운데 누가 최악이었습니까?"

클레망소가 대답했다.

"이 나이가 되도록 찾아봤지만 아직도 최악의 정치가는 만나지 못했습니다."

"정말로 그렇습니까?"

"이번에야말로 찾아냈다고 생각하는 순간 더 나쁜 정치가가 나타났기 때문입니다."

우리나라에도 '구관이 명관'이라는 속담이 있다. 이번에야말로 좋은 리더를 만나 세상이 좋아지려나 하는 기대를 품었다가 번번이 실망과 후회를 맛본 탓에 생긴 말이다. 그러면서도 우리는 새 리더에게 또 희망을 건다. 훌륭한 리더가 걷잡을 수 없이 표류하고 있는 우리를 좌초의 위기에서 구해낼 수 있다고 믿기 때문이다.

물론 리더 한두 명만으로 나라나 조직이 잘되는 것은 아니다. 또 한두 명의 리더에게 매달려야 하는 것처럼 불행한 상황도 없다. 여기에 대해 마키아벨리는 이렇게 경고한다.

"한 개인의 역량에만 의존하는 국가는 명이 짧다. 아

무리 뛰어난 리더를 가졌더라도 그 사람이 죽고 나면 모든 게 끝장나기 때문이다. 또한 그의 재능이 후계자에게 계승되는 일은 극히 드물기 때문이다."

물론 한두 명이라도 리더는 없는 것보다는 있는 게 백 배 낫다. 리더 없는 민중은 오합지중에 지나지 않는다. 약장弱將 밑에 용졸勇卒이 있기도 어렵지만, 용장勇將 밑에 약졸弱卒이 있을 수는 없다.

"나쁜 오케스트라는 없다. 그저 나쁜 지휘자가 있을 뿐이다."

한스 폰 뷜로의 이 명언은 비단 교향악단에만 해당되는 얘기가 아니다. 한동안 잘 나가던 우리나라가 다시 살기 어려워진 것은 국운이 다해서가 아니다. 리더들을 잘못 만났기 때문이다.

리더는 아무나 하나

리더란 정치인만을 두고 하는 말은 아니다. 어느 조직, 어느 사회, 어느 분야에도 리더는 있게 마련이다. 또 위계질서 피라미드의 정상에만 리더가 있는 것도 아니다. 가령 소대장은 소대의, 중대장은 중대의, 사단장은 사단의 리더가 된다. 이런 이들에게 가장 중요한 것은 진정한 리더십이지 왜 리더가 되었는가 하는 동기는 아니다. 다시 말해서 비록 처음에는 이기적이거나 불순한 동기에서 출발했다 하더라도 사람들을 잘 이끌어준다면 큰 문제가 되지 않는다. 정치 무대에서는 특히 그렇다. 나라를 사랑하고 겨레를 아낀다며 선한 동기를 말하기는 쉽지만 실제로 사람들을 제대로 이끄는 건 힘든 일이기 때문이다.

파란만장했던 프랑스 대혁명의 격동기에서 재주 좋게 살아남아 끝까지 권력을 누린 이는 교활하고 비열하며, 배신을 일삼아 악덕의 덩어리와 같았던 인물 푸셰였다. 슈테판 츠바이크는 이런 인물의 전기를 쓰게 된 동기를 다음과 같이 설명했다.

"정치라는 세계에서는 많은 사람들이 믿고 있는 것처럼 도의적이고 시야가 넓고 확고부동한 신념을 가진 사람들이 정정당당하게 싸우는 것이 아니다. 오히려 요령 좋고, 능청스럽고, 간악한 술수를 부리는 부도덕한 사람들이 판을 친다."

그래서인지 우리나라에서는 너도나도 대통령이 되겠다고 한다. 그런 그들을 탓할 수만은 없다. 잘하면 누구나 대통령이 될 수 있기 때문이다. 과거 미국에서도 마찬가지였다. 제럴드 포드가 대통령이 됐을 때도, 로널드 레이건이 대통령이 됐을 때도 미국의 언론은 대통령은 아무나 될 수 있는 자리라고 빈정거렸다. 아닌 게 아니라 학식이 모자라고, 품격이 떨어지고, 성격에 결함이 많고, 덕망이 없어도 대중적으로 인기가 있고 선거전만 잘 치르면 대통령이 될 수 있다. 이것이 민주주의의 장점인 동시에 단점이기도 하다.

그러나 대통령과 달리 리더는 아무나 될 수 있는 것이 아니다. 리더란 사람들을 이끌어가는 능력과 권위를 가진 사람을 말한다. 그런 능력과 권위는 권력을 오래 잡는다고 해서, 돈이 많다고 해서, 혹은 학식이 많다고 해서 얻어지는 것이 아니다.

예를 들어보자. 재능이 없는 가수 지망생이 집에서 매일같이 노래 연습을 했다. 그때마다 스스로 탄복할 만큼 목소리가 우렁차고 좋았다. 방 안의 벽들이 에코 효과를 내주기 때문이었다. 그런 줄도 모르고 그는 자기가 천부적인 노래 솜씨를 가졌다고 생각하며 음악회를 열기로 했다. 큰 기대를 걸고 몰려온 청중은 그의 노래를 듣자마자 그에게 돌을 던지기 시작했다. 그제야 사람들은 허상과 실상, 이론과 실제, 말과 행동이 얼마나 다를 수 있는지 깨달았다.

돈이 없는 사람은 만약 나에게 돈이 많다면 제대로 쓸 텐데 하면서 돈 쓸 줄 모르는 부자를 비웃는다. 권력을 잡지 못한 사람은 자기에게 권력이 있다면 훌륭한 정치를 할 수 있을 텐데 하면서 권력의 자리에 있는 사람을 비웃는다. 그러나 현실은 그렇게 만만하지 않다. 그것은 현실과 이상이 다르기 때문이기도 하지만 무엇보다도 자기 능력의 한계를 모르기 때문이다.

리더의 자리에 오르기 전과 후가 다른 사람들도 있다. 밑 씻기 전과 씻고 난 다음이 달라지는 것이다. 허상만 믿고 리더 자리에 앉혔다가 실상에 실망하는 경우도 많다. 권력을 잡기만 하면 사람들을 이끌어가는 능력을 저절로 갖게 된다고 착각하는 리더들 때문에 지금껏 우리는 많은 불행을 겪었다. 대통령 자리에 올라앉는 것도 쉽지 않지만 그 자리를 지키기는 더 어렵다. 그만한 리더십을 가지고 있어야 하기 때문이다.

이는 비단 정치계에만 해당되는 얘기가 아니다. 기업에서도 마찬가지다. 대기업 회장의 아들이 자기 아버지의 뒤를 이어 회장 자리에 오르게 되었다고 하자. 회장이 된 아들은 이를 당연한 일이라고 생각하기 쉽다. 회장으로서 기업을 제대로 이끌 수 있을까에 대해서는 별로 의심을 품지 않는다. 그러나 리더의 자리에 오른다고 해서 아무나 리더가 될 수 있는 것은 아니다.

제럴드 포드의 뒤를 이어 지미 카터가 대통령이 됐을 때 미국인들은 그에게 큰 기대를 걸었다. 그러나 정치는 뒤뚱거리기만 했다. 카터는 그 까닭을 알 수 없었다. 그는 열흘에 걸쳐 각계각층의 사람들을 만나 이야기를 들었다. 한 주지사가 기탄없이 이렇게 충고했다.

"당신은 이 나라를 이끌어가고 있는 게 아닙니다. 그저 관리하고 있을 뿐입니다."

한 시민은 또 이렇게 말했다.

"만약에 대통령께서 우리를 리드하신다면 우리는 기꺼이 당신을 따르겠습니다."

리더의 '리드'란 올바른 방향으로 이끈다는 뜻이다. 그냥 관리만 하는 매니저와는 근본적으로 다르다. 리더에게는 책임이 따르고 창조력이 있어야 하지만, 매니저에겐 그런 게 크게 문제되지 않는다. 카터는 자기가 정치를 잘못하고 있다는 사실을 깨달을 머리는 있었다. 다른 사람의 기탄없는 비판과 충고를 들을 만큼 겸허하고 성실하기도 했다. 그러나 그는 끝내 리더가 되지 못한 채 임기를 끝냈다. 이처럼 리더십이 없는 사람이 마음만 먹는다고 리더가 되는 것은 아니다.

대통령 병

우리가 무엇보다 경계해야 할 것은 권력욕에만 눈이 어두운, 이른바 '대통령 병'에 단단히 걸린 자격 미달의 리더다.

한평생 프랑스 혁명사를 연구한 조르주 르페브르가 볼 때 프랑스 혁명 시기에 등장한 리더들은 가지각색이었다. 그 가운데는 정말로 자신의 이념과 신념을 위해 모든 것을 희생하고 목숨까지 건 고귀한 이상주의자도 있었고, 권력을 이용해서 개인적인 욕심을 채우려는 리더도 적지 않았다. 이보다 더 흔한 것은 우쭐한 마음에 혹은 야심에 사로잡혀 출중한 역할을 맡고 싶어 한 이들이었다.

이에 못지않게 흔한 것은 본래 권력을 좋아하고, 다른 사람 위에 오르지 않고는 못 견뎌 리더가 된 사람들이었다. 고약한 건 이런 리더일수록 명성에 대한 허영심이 강하거나 야심가이거나 권력욕에 사로잡혀 있으면서도 스스로는 나라를 위해 일한다고 착각하는 이가 많다는 것이다.

"이 세상의 말썽 가운데 대부분은 권력욕에 사로잡힌 사람들에 의해 일어난다."

이는 T.S. 엘리엇의 「칵테일 파티」에 나오는 구절이다. 그러나 권력욕도 없이 순전한 우국충정만으로 대통령이 되겠다는 사람처럼 엄청난 위선자도 없다.

미국에서는 권력욕이라는 상스러운(?) 표현 대신에 '대통령 병presidential fever'이라는 말을 쓴다. 뉴욕 주지사 출신으로 1928년에 민주당 후보로 대통령 선거에 출마하기도 했던 앨 스미스가 "대통령이 되고 싶어 하는 사람들이 걸리는 열병"이라고 처음 말했다고들 하지만, 1879년 윌리엄 셔먼 장군이 "나는 지금이나 앞으로나 대통령 병에 걸리지는 않을 것이다"라고 말했다는 기록도 있고, 같은 해에 대통령으로 물망에 올랐던 제임스 가필드의 일기에는 이런 문장이 나오기도 한다.

"나는 오래전부터 가까운 사람들에게서 대통령 병이 얼마나 많은 해독을 끼치는지를 너무나도 자주 봐왔기 때문에 나만은 그 병에 걸리지 않기로 했다……."

그런 그도 1년 후에 대통령 병에 걸려 결국 대통령이 되었다.

대통령 병에는 예방약도 없다. 이 병에 걸리면 우선 아랫배가 타오른다. 그것을 영어로는 'fire in the belly'라고 말한다. 1989년에 샌프란시스코 시장인 다이앤 파인스타인이 캘리포니아 주지사에 출마했을 때, 여러 해 동안 정치 참모를 하던 사람이 "그녀에게는 배 속의 불이 부족하다"면서 그녀의 곁을 떠났다. 꼭 이겨야겠다는 집념이 모자랐던 모양이다. 얼마 후에 자궁 수술을 받은 파인스타인 시장은 "나는 배 속의 불을 제거했다"라며 선거전에서 물러났다. 이런 화기火氣가 도지면 심한 가려움증을 일으키고, 이를 참다못해 몸부림치게 된다. 그것을 영어에서는 'itch to run(출마에의 통증, 충동)'이라고 표현한다.

이 병은 또 '대통령 벌레'에 물리면 걸린다. 링컨은

그것을 '들파리chin-fly'라고 불렀다. 링컨이 대통령이었을 때 재무장관이 사사건건 그를 비판했다. 그에게 대통령이 되고자 하는 마음이 있었기 때문이다. 측근이 그런 장관을 왜 갈지 않느냐고 묻자, 링컨은 다음과 같이 말했다.

"예전에 동생과 함께 밭을 갈고 있는데 보통 때는 게으름만 부리던 말이 갑자기 내가 따라갈 수 없을 정도로 부지런해졌다오. 한참 후에 보니까 말에 들파리 한 마리가 붙어 있는 게 아니겠소? 내가 그 파리를 잡아 죽이자 들파리에 물려서 말이 그렇게 열심히 달린 건데 왜 죽였느냐고 동생이 항의를 했다오."

대통령 병 그 자체는 크게 탓할 게 아니다. 대통령 병에 걸린 사람이 많다는 것도 크게 나무랄 일이 아니다. 그 병에 걸린 사람이 그럴 만한 사람이냐 아니냐가 문제다.

옛날에는 왕이나 재상을 고를 때 관인팔법觀人八法을 썼다.

1. 위威: 권력과 명성에 어울릴 만큼 위엄이 있는가.

'위'란 은연중에 사람을 누르는 힘을 말한다.

2. 후厚: 그릇이 얼마나 큰가. 좀스럽고 옹졸하고 너그럽지 못하면 안 된다는 뜻이다.

3. 청淸: 깨끗한 정신의 소유자여야 한다. 그래야 사심 없는 정치를 펼 수 있기 때문이다.

4. 고固: 굳은 의지. 한번 자기가 옳다고 믿으면 끝까지 밀고 나갈 수 있어야 한다.

5. 고孤: 인생이 외로워서는 안 된다. 단순히 집안이 화목하다는 것만을 뜻하는 게 아니다. 인정이 많아서 사람들이 그를 따른다는 뜻이다.

6. 박薄: 체모가 빈약하고 건강하지 못하면 안 된다. 단지 키가 크고 작고를 따지는 것은 아니다.

7. 악惡: 심성이 간악하고 표독스러워선 안 된다.

8. 속俗: 기품이 고상하지 못하고 경박해선 안 된다.

이와 같은 기준에 모두 합격점을 받을 수 있는 대통령감은 지금까지 없었고, 앞으로도 좀처럼 나타나기 어려울 것이다. 어쩔 수 없이 기준을 확 낮춰서 미국의 닉슨 대통령이 퇴임 후에 쓴 『20세기를 움직인 리더들』에 나오는 요건들을 살펴보자. 여기서 그는 훌륭한 리더의 자질로 고도의 지성, 용기, 노력, 끈기, 대의를 위해 자신을 희생하겠다는 각오, 인간적인 매력, 통찰력, 강한 의지, 운 그리고 판단력을 들었다.

이 정도도 우리나라의 대통령 병 환자들에게는 어림 없는 조건이다. 사실 이처럼 온갖 좋은 자질을 모두 갖추고 있는 사람을 찾기는 쉽지 않고, 우리가 그렇게 이상적인 리더를 바라는 것도 아니다. 많은 결점에도 불구하고 믿고 따를 수 있는 사람이기만 해도 된다.

가장 바람직하지 않은 대통령감은 어떤 사람인가로 돌려 생각하면 얘기가 사뭇 쉬워진다. 마침 이에 대해 케네디 대통령이 다음과 같이 말한 적이 있다.

"프랑스 대혁명 때 '저기 내 국민이 가고 있다. 나는 그들 앞에 나서기 위해 그들이 어디로 가고 있는가를 알아내야겠다'라고 말한 리더와 같아서는 안 된다."

한마디로 대중의 비위만을 맞추고 여론에 끌려 다니는 사람이어서는 안 된다는 것이다. 그러나 이 또한 다수결의 원칙을 따르는 대중 정치제도 아래에서는 바라기 어려운 일이다.

권력이라는 달콤한 술

사람들을 이끌거나 움직이거나 관리한다는 것은 그만한 권력을 가지고 있다는 뜻이다. 다만 그 권력을 어떻게 쓰느냐에 따라 관리자가 되기도 하고, 보스가 되기도 하고, 리더가 되기도 한다.

"권력이란 어떤 의도를 현실로 옮겨놓는 행동을 일으키고, 또 이를 지속시키는 기본 에너지를 말한다."

어느 정치학 교과서에서는 권력을 이렇게 정의했다. 이런 설명이 아니더라도 우리는 무엇이 권력인지 잘 알고 있다. 그리고 그것을 내가 가지고 있을 때는 얼마나 달콤하고, 남이 가지고 있을 때는 얼마나 무서운지도 잘 알고 있다. 무엇보다 그것이 국민을 저버릴 때 얼마나 위험한지를 우리는 오랫동안 경험해왔다.

"지극히 딱한 현실이지만 인간이라는 것은 권력을 가지면 가질수록 서툴게 행사하기 마련이며, 그렇기 때문에 더욱 견딜 수 없는 존재가 되어버린다."

마키아벨리가『피렌체사史』에서 한 이 말의 뜻을 우리는 너무나 잘 알고 있다.

"권력이 클수록 그 남용이 더욱 위험스러워진다."

에드먼드 버크의 이 예언이 얼마나 잘 들어맞는지도 우리는 잘 알고 있다.

권력은 술과 마찬가지로 사람을 취하게 한다. 술은 아무리 취해도 깨어나면 멀쩡해진다. 그러나 권력은 한번 취하고 나면 좀처럼 깨어나지 못한다. 또한 권력이 크면 클수록 더욱 취하게 된다. 술을 마시면 마실수록 더 취하게 되고, 그만큼 숙취도 심해지는 것과 같다. 절대적인 권력은 절대적으로 사람을 부패시킨다.

무엇보다도 위험한 것은 권력자 스스로 인기가 많다고 생각할 때다. 이런 때는 자기가 무슨 짓을 해도 국민들이 따라올 거라는 엉뚱한 착각에 사로잡히기 쉽다. 불행하게도 권력자는 권력과 위대함을 혼동하는 경우가 많다. 권력이 크면 클수록 그만큼 더 위대해진 다는 엉뚱한 착각에 사로잡히는 것이다. 또한 권력의 자리에 오래 앉아 있다 보면 어느 사이엔가 권력의 한 계를 잊기도 한다.

레이건이 1984년의 미국 대통령 선거에서 압도적 인 표 차이로 재선되자 역사학자 아서 슐레진저 교수 는 「뉴욕 타임스」에 다음과 같은 논평을 실었다.

"현대에 들어와서 60퍼센트 이상의 득표율로 선거 에서 이긴 대통령은 모두 그 후 엄청난 정치적 곤욕을 치렀다. …… 자신이 대중의 압도적인 지지를 받고 있 다는 사실에 도취되어 현실을 제대로 파악하는 능력을 상실했기 때문이다."

물론 이런 상태가 지속되면 대중과도 유리된다.

1920년에 60퍼센트 이상을 득표했던 워런 하딩 대 통령은 엄청난 부정 사건에 말려들어 불명예 속에 임 기를 끝냈다. 1964년에 61퍼센트의 표를 얻은 린든 존슨 대통령은 베트남전이라는 큰 실수를 저질렀고, 1972년 대통령 선거에서 압승했던 닉슨은 결국 워터 게이트 사건을 일으켜 실각했다. 슐레진저에 의하면,

1936년에 압승한 프랭클린 루스벨트도 민주 국가의 대통령답지 않은 정책을 곧잘 강행하곤 했다. 레이건도 재선에서 압승한 것이 화근이었다. 그의 운은 이때부터 기울기 시작했다. 그는 루스벨트와 비길 만한 대중적인 인기를 얻은 것을 마치 면책특권이라도 얻은 양 착각했고, 결국 대통령으로서의 분별력을 잃고 말았다. 미국 정부가 비밀리에 적국인 이란에 불법으로 무기를 판매하다 들통 난 이란·콘트라 스캔들도 그 결과로 일어났다.

우리나라의 김영삼 대통령도 초기에는 90퍼센트가 넘는 엄청난 인기를 누렸다. 그의 리더십을 결딴나게 만든 것은 바로 이 높은 인기도였다. 무엇이든 자기 마음대로 할 수 있다는 엄청난 판단 착오를 저지르게 된 것이다.

아주 뛰어난 사람이 아니고서는 대개 권력을 잡으면 우쭐하기 쉽고 아첨에도 약해진다. 또 자기가 그 권력으로 무엇을 할 수 있으며, 어디까지 권력을 행사할 수 있는지를 확인 또는 시험해보고 싶어진다. 고약한 것은 웬만한 잘못이나 탈선, 권력 남용에는 국민이 눈감

아주리라는 과신이다. 까딱하다가는 자기가 법보다 위라고 착각하기 쉽다. 그래서 역사학자 찰스 비어드는 "신은 사람을 부패시키기 위해 권력을 안긴다"라고 말했다. 한번 권력에 도취되면 양심마저 마비되기 쉽다.

'권력權力'은 '권權'과 '력力' 두 글자를 합쳐서 만든 말이다. 어느 한학자는 "천하에 '권' 있고 '력' 있으니, '력' 있는 자에게 '권'이 없거나 '권' 있는 자에게 '력'이 없으면 천하가 평안하다"라고 말했다. '권'이란 사법이나 행정과 같이 당국자가 행사할 수 있는 권한을 뜻한다. '력'이란 남에게 강제할 수 있는 실력實力을 뜻한다. 그러므로 '권'과 '력'이 한 사람에게 집중 독점되어서는 안 된다는 것이다. 그러나 주먹이 센 사람은 주먹 자랑을, 돈 많은 사람은 돈 자랑을, 권력이 있는 사람은 권력 자랑을 하고 싶기 마련이라 제멋대로 권력을 휘두르기 십상이다. 그렇게 하지 않으면 자기가 권력을 쥐고 있다는 사실을 실감하지 못하기 때문이다.

망치를 가지고 있는 사람에게는 모든 것이 못처럼 보이기 쉽다. 시도 때도 없이 망치를 쓰고 싶다. 망치를 처음 갖는 사람이라면 더욱 그러하다. 그러니 몸과 마음이 건전하지 않은 사람이 권력을 얻는다면 그는 권력의 힘에 병이 들고 말 것이다.

그 병의 증세는 우선 균형 감각의 상실로 나타난다. 현실성이 없거나 불합리한 것도 힘으로 밀어붙이면 되는 줄로 착각한다. 또 눈이 침침해지거나 먼 곳을 내다보는 시력이 약해지고, 전후좌우를 가리는 게 힘들어진다. 귀도 안 들리게 된다. 남들이 아무리 좋은 소리를 해도 들리지 않고, 자기가 듣고 싶은 소리만 듣는다. 그것은 권력의 마성魔性 때문이다.

권력은 자력磁力과도 같다. 같은 권력의 테두리 안에 있는 힘들끼리는 서로 끌어당긴다. 이런 때는 작은 힘이 큰 힘에 끌려가게 마련이다. 힘이 크면 클수록 여기에 끌려 들어오는 작은 힘들도 늘어난다. 작은 힘들은 또 그 나름대로 자기보다 약한 힘들을 누르게 된다.

권력이 있으면 자기가 하고 싶은 일을 할 수 있다. 물론 좋은 일을 할 수도 있다. 그래서 사람들은 권력이 좋다고 생각한다. 그러나 누구도 무제한의 권력을 가져도 좋을 만큼 현명하지도 선량하지도 않다는 게 문제다.

"정직한 사람은 다른 사람들에게 권력을 행사하는 일에서 쾌감을 느낄 수 없는 법이다"라는 토머스 제퍼슨의 말이 있다. 뒤집어 말하면, 정직하지 못하고 성실하지 못한 사람은 남에게 권력을 행사하는 일에서 무한한 쾌감을 느낀다는 것이다. 네로 황제도 처음부터 폭군은 아니었다. 어린 시절 그에게는 명군의 자질이 많았다. 황제가 된 직후 어느 죄인의 사형 집행 명령서에 서명할 때 "아아, 내가 글자를 쓸 줄 안다는 것이 가슴 아프다"라며 한 사람이 목숨을 잃는 것을 딱하게 여길 정도로 그는 선량한 사람이었다. 그가 폭군이 된 것은 권력에 맛을 들인 다음부터, 즉 권력 앞에 굽실거리는 아첨꾼들이 그를 에워싼 이후부터였다.

장 자크 루소는 "아무리 강력한 권력자라도 언제까지나 지배자의 자리에 머물 만큼 강력할 수는 없다"라고 말했다. 다만 여기에는 한 가지 단서가 붙는다. 권력자가 권력을 자신의 '권위'에 따르는 당연한 권리로 만들 수 있다면 이야기는 달라진다.

권력자는 왜 권위주의자가 되는가

원숭이들의 세계에서는 가장 힘센 수컷이 우두머리 자리에 오른다. 그의 주변에는 다른 수컷들이 얼씬거리지 못한다. 먹이도 제일 먼저 차지한다. 암컷 원숭이도 모두 그가 독점한다. 그래서 지금까지 동물원에서는 그를 '보스'라고 불렀다.

그러나 알고 보니 사실은 이와 크게 달랐다. 분명 가장 힘센 보스 원숭이에게 다른 원숭이들이 한몫을 내놓는다. 힘센 원숭이는 꼬리를 들어 올리고 위풍당당하게 보스 행세를 한다. 하지만 그런다고 다른 원숭이들이 무조건 그를 따르지는 않는다. 그저 두려워할 뿐이다. 암컷 원숭이가 출산을 전후해서 의지하는 것은 보스가 아니라 나이 든 수컷이다. 큰일이 있을 때 무리를 이끄는 것도 힘 있는 원숭이가 아니라 경험이 풍부한 원숭이다. 그것이 암컷일 때도 있다. 그래서 일본의 동물원에서는 지금까지 '보스'라고 불러오던 원숭이의 호칭을 '첫째 원숭이'로 바꿔 부른다고 한다.

동물원처럼 갇혀 있는 곳에 한정된 양의 먹이가 들어올 때는 아무래도 힘 있는 원숭이가 먼저 먹게 된다. 그러나 개방된 들판에서는 보스의 특권이란 게 없다. 무리를 지어 행동할 때도 어느 한 원숭이의 명령에 따르는 게 아니라 다수결의 원칙을 따른다. 혹 리더가 있다 해도 그것은 주먹이 아니라 경험이라는 '권위'에 의해 결정된다.

권위는 권력과 다른 개념이다. 권위를 뜻하는 영어 단어 'authority'는 'author', 즉 '창조자'라는 말에서 나왔다. 다시 말해서 권위는 생산적인 것, 긍정적인 것과 관련되어 있다. 그러나 '권위주의적인, 독재의' 등으로 번역되는 'authoritarian'은 억압적, 부정적 가치를 대표하는 인물이나 제도를 수식한다. 정당한 권위의 뒷받침 없이 권력을 행사하는 일을 가리키는 것이다.

당연한 얘기이지만 리더에게는 어떠한 형태로든 힘이 있어야 한다. 물론 힘이 있다고 해서 반드시 리더가 될 수 있는 것은 아니다. 그리고 참다운 리더에게는 필연적으로 권위가 따르지만 모든 리더가 다 권위를 갖게 되는 것도 아니다.

권력자가 권위와 권력을 혼동하고, 권력이 있으면 무조건 권위가 있다고 착각할 때 권위주의자가 된다. 또한 권위가 권력을 따르지 못할 때, 다시 말해서 권력자에게 권위가 부족할 때도 권위주의자가 된다. 권위주의자란 다음과 같은 사람을 말한다.

첫째, 인습과 관례, 전통에 얽매이는 사람이다. 자기가 지켜오고 믿어온 것에 전혀 의심을 품지 않는다. 뿐만 아니라 그런 인습을 남에게까지 강요한다. "내 경험에 따르면" 하며 자기 의견을 남에게 강요하는 것도 권위주의의 일종이다.

둘째, 자기보다 힘 있는 사람에게는 복종하고 약한 사람은 업신여긴다. 사회에서든 집단에서든 힘이 있다면 무조건 그의 권위를 인정하고, 무조건 따르는 것도 권위주의자의 특성이다. 그는 권력자에게 반항하는 것을 끔찍한 죄악으로 여긴다. 권력자와 함께 찍은 사진을 자기 사무실에 여봐란듯이 붙여놓고 자랑하는 한심한 이들이 있다. 그런 행동은 권력에의 욕구와 복종의 욕구를 동시에 채우려는 심리에서 나온다.

셋째, 자신의 권위를 따르지 않는 사람을 그냥 놓아두지 않는다. '우리의 명예를 모욕하는 사람은 묵과할 수 없다'고 생각한다. 무엇보다도 세상 모든 관계와 이치를 지배와 복종, 강자와 약자, 보스와 부하 등으로 갈라서 생각하며 승자와 패자를 가르는 건 오로지 힘뿐이라고 믿는다.

권위주의자는 또 공과 사를 가리지 않는다. 퇴임을 한 달 앞둔 트루먼 대통령은 백악관에서 이삿짐 꾸리기에 바빴다. 그는 일손을 멈추고 "이렇게 이삿짐이 많은 줄 알았다면 한 번 더 대통령 노릇을 할 걸 그랬다"며 푸념했다. 백악관에 일손이 없는 것도 아니었다. 비서나 보좌관은 여전히 많았다. 그들이 물러나는 대통령이라고 해서 도와달라는 부탁을 안 들어줄 리도 없었다. 그러나 이삿짐을 싸는 것은 사적인 일이지 공무가 아니다. 즉 국가 공무원이 근무 시간에 할 일은 아니다. 그래서 트루먼은 남에게 시키지 않은 것이다. 트루먼만 고지식해서 그런 것은 아니었다. 대통령에 당선된 부시도 취임식을 6일 앞두고 손수 이삿짐을 챙겨야 했다.

"나는 며칠 후면 미국 대통령이 될 사람이다. 그런데도 아내는 나더러 이삿짐을 나르라고 한다."

이렇게 그는 투덜거렸다. 미국에서는 이렇게 공과사가 분명하다.

어느 날 링컨 대통령이 백악관에서 신발을 닦고 있었다. 이것을 보고 깜짝 놀란 친구가 "대통령이 손수 자기 신발을 닦다니 말이 됩니까?"라고 말했다. 그러자 링컨이 태연스레 반문하기를 "아니 그러면 미국 대통령은 남의 신발을 닦아줘야 합니까?"

이는 권위주의자들에게 시달려온 우리로서는 상상할 수 없는 광경이다. 권력자가 권위주의자일 때 가장 위험한 것은 자기가 법 위에 있다는 엉뚱한 착각에 사로잡히는 경우다. 그는 세상이 얼마나 무서운지 모른다. 잘못을 저질러도 감히 그를 나무라는 사람이 없다. 그래서 오만해지기도 쉽지만, 세상은 그렇게 만만하지가 않다.

『사기』에 이런 이야기가 나온다. 한나라의 문제가 외출하여 어느 다리에 이르렀을 때, 한 사나이가 다리 밑에서 갑자기 달려 나오는 바람에 말이 놀라 날뛰었다. 이 때문에 문제가 탄 마차가 심하게 흔들렸다. 호위병이 그를 잡아서 사법장관 장석지에게 인도했다. 장이 그를 심문하자 그는 이렇게 대답했다.

"저는 시골에서 막 올라온 사람입니다. 임금님이 지나가신다는 소리에 당황하여 다리 밑에 몸을 숨겼습니다. 한참 시간이 흘러 이미 행차가 지나갔겠지 하고 나왔는데, 임금님의 마차가 바로 눈앞에 보이기에 겁이 나서 달려 나갔던 것입니다."

장석지는 이 사나이를 가벼운 벌금형에 처했다. 나중에 문제가 이 사실을 알고 화를 냈다.

"가벼운 벌금형으로 끝내다니 말이 되느냐? 내가 탔던 마차가 크게 흔들렸다. 다행히 말이 순해서 그 정도로 끝났지 만약에 사나운 말이었다면 내가 크게 다쳤을지도 모른다. 그런데도 벌금뿐이냐?"

그러자 장석지는 다음과 같이 의연하게 대답했다.

"저는 법대로 그를 다스렸을 뿐입니다. 법이란 것은 천자라 해도 공공의 것으로 지켜야만 합니다."

발자크는 "권위란 한 번 비판의 대상이 되고 나면 이미 그때부터 권위가 아니다"라고 했고, 앙드레 모루아는 "리더의 가장 중요한 자질은 세상이 그를 리더로서 인정하느냐 아니냐. 조금이라도 자격을 의심받는다면 그는 리더로서 충분한 권위를 갖지 못한다"라고 말했다.

아이젠하워 대통령이 존 덜레스 국무장관을 데리고 파리의 미국 대사관저에 묵었을 때의 얘기다. 덜레스 장관의 경호원이 장관을 만나러 방에 들어갔더니 뜻밖에도 잠옷 차림을 한 대통령이 몹시 흥분한 목소리로 그에게 소리를 쳤다.

"도대체 이놈의 덜레스는 어디 있는 거야?"

경호원이 말을 못 하고 서 있자, 다시 대통령의 호통이 떨어졌다.

"제기랄, 덜레스가 어디 있느냔 말이야! 꼭 필요할 때면 덜레스도 딜런 대사도 찾을 수가 없단 말이야!"

경호원은 덜레스 장관이 아마도 프랑스 외무부에 가

있는 것 같다고 더듬거리면서 말했다. 그러면서 장관이나 대사가 없다고 대통령이 이처럼 난리를 피우니 얼마나 중요한 일이 터진 건가 궁금하기도 했다.

아이젠하워 대통령은 거의 히스테리 증세처럼 방 안을 껑충껑충 뛰다시피 하더니 어느 한순간 굳은 사람처럼 그 자리에 우뚝 서서 아무 말도 없었다. 한참을 그러더니 "도대체 대사는 시바스 리갈을 어디에 넣어두지?" 하고 묻는 것이었다. 이때부터 그 경호원은 어떤 훌륭한 인물도 존경하지 않게 됐다고 한다.

드골은 젊었을 때부터 이렇게 생각했다.

"권위에는 위신이 필요하며, 위신이 유지되기 위해서는 거리가 필요하다. 부하는 리더의 오만함이나 까다로움을 불평할 것이다. 그렇지만 막상 리더가 행동할 때에는 어떤 비판도 하지 않는다. 그들은 어떠한 위기 속에서도 안심하고 그를 따른다."

그래서 그는 보통 때는 사람들과 거의 어울리지 않았다. '위신이란 신비로움에서 나온다. 인간은 자기가 잘 알고 있는 사람을 존경하지 않기 때문'이라 믿었던 것이다.

권위의 기반은 무엇보다도 정통성이다. 그것은 어디까지나 권력을 국민을 위해 행사한다는 전제 아래서만 발생한다. 막스 베버도 "권위의 생명은 정통성에 있다"고 말했다. 사람들은 정통성이 없다고 여기는 사람에게는 복종하지 않는다. 리더의 권위는 사람들의 '자발적인' 복종에서 나온다. 다시 말해서 권력이 정통성을 상실할 때 권위 역시 필연적으로 잃게 된다.

　　리더에게 중요한 것은 어디까지나 권위이지 권력이 아니다. 따라서 권력을 가진 자를 몰아내기 위해서는 그에게서 권력을 박탈하는 것만으로는 충분하지 않다. 무엇보다도 그의 정통성이 부정되어야 한다. 프랑스 대혁명 때 루이 16세가 처형된 것은 그가 한 개인으로서 새 질서를 위협하기 때문이 아니었다. 그는 무능하고 어리석고 나약한 왕이었다. 그가 차지하고 있던 왕위가 상징하는 권위와 정통성이 새 질서를 위협할 만큼 크고 강했기 때문에 그를 살려둘 수 없었던 것이다.

권력을 행사하는 서로 다른 방식

정통성을 상실한 리더는 권력으로 사람들을 억누르려 한다. 즉 그는 권위주의자가 된다. 누구나 처음부터 권위주의자가 되는 것은 아니다. 언제나 문제는 권력을 쥔 다음에 생긴다. 많은 사람들이 권력을 쥐면 달라진다. 오만해지고, 옛 친구도 잊고, 신의도 잊는다. 이런 변화를 흔히 권력의 탓으로 돌리지만, 권력을 쥐고도 권위주의자가 되지 않는 사람이 있는가 하면 자신이 권위주의자인지를 깨닫지 못하는 사람도 있다.

우리는 텔레비전에서 대통령이 주재하는 국무회의 장면을 심심치 않게 본다. 모처럼 국민에게 보이는 것이니 적지 않은 연출도 있을 것이다. 그러나 그것이 여간 어색한 게 아니다. 여름에는 모든 참석자의 옷차림이 신통하게도 똑같다. 모두가 흰 셔츠를 입고, 칼라를 일제히 재킷 밖으로 내놓고 있다. 이쯤 되면 그것은 더위를 덜기 위한 '편의복'이 아니라 '제복'이다. 그런 모습은 지난날 박정희 대통령 때부터 지금까지 조금도 변함이 없다. 그러나 누구도 그런 제복 차림을 어색해하지도, 부끄러워하지도 않는다.

권위주의가 판을 치는 나라일수록 온갖 제복이 유행한다. 국무회의 참석자들이 모두 같은 옷을 입는 것은 어쩌면 그 옷이 그들에게는 권력을 상징하는 자랑스러운 제복이기 때문일 것이다. 문제는 그것이 단순히 옷차림에서 끝나지 않고 머리까지도 제복을 입게 된다는 사실이다. 텔레비전 뉴스에서 대통령과 국무위원들 사이는 물론이요, 국무위원들끼리도 서로 말을 주고받는 장면을 거의 볼 수 없다. 그들이 갑론을박 토론을 하지 않는 게 분명하다. 마치 모범생 어린이가 선생님 말씀을 한 마디라도 빠뜨릴세라 열심히 필기를 하듯 말없이 적기만 할 뿐이다.

하지만 모든 정부의 회의 모습이 이와 같지는 않다.

링컨은 장관들끼리 자유롭게 토론하는 것을 장려했다. 그런 다음에 의결을 했다. 그렇다고 해서 항상 다수표를 얻은 의견을 따르는 것은 아니었다. 때로는 대부분의 장관들이 반대하는 정책을 결정하기도 했다. 다수의 의견이 항상 옳은 것은 아니라는 믿음 때문이었다.

케네디 대통령 때는 마치 친구들끼리 활기찬 토론을 하듯 장관들이 자유롭게 앉아서 정책을 결정해 나갔다. 도중에 자리에서 벌떡 일어나 서성거리며 얘기하는 장관도 있었다. 레이건 대통령은 회의 도중에 회의 내용과는 전혀 관계없는 농담을 즐겨 했다. 토론에 열중한 나머지 지나치게 긴장된 분위기를 누그러뜨리기 위해서였다. 그는 문자 그대로 회의를 주재할 뿐이었다. 모든 결정은 관계 장관들에게 일임했다.

독특하기로는 영국의 수상 해럴드 맥밀런의 장관회의도 마찬가지였다. 그는 각료 회의실 문에 '조용하고 침착한 토의가 모든 매듭을 풀어준다'라고 적은 쪽지를 붙여놓았다. 특별히 중요한 각의 때는 비서에게 신경안정제를 사 오라고 해서 각 장관의 책상에 올려놓았다. 그가 주재하는 회의장은 마치 고급 사교클럽의

응접실과도 같았다.

스탈린은 입을 꾹 다물고 장관들의 이야기를 듣기만 했다. 그러나 장관들은 그의 눈치를 살피기에 바빴다. 그의 비위에 거슬리는 의견을 내놓았다가 후에 화를 입을까 두려웠기 때문이다. 반면에 흐루시초프는 말이 많았다. 그래도 장관들이 눈치를 살피기는 마찬가지였다. 다만 흐루시초프의 눈치를 살피는 게 조금 더 쉬웠다는 점이 다를 뿐이었다. 구소련의 장관회의를 흉볼 것도 아니다. 우리나라의 장관회의도 이와 크게 다르지 않다.

권위주의는 주로 권력자가 권력을 제 마음대로 행사할 수 있는 상황, 다시 말해서 그를 견제할 다른 세력이 없거나 그 나라나 사회 자체가 권위주의적 전통에 젖어 있는 풍토에서 자라난다. 그러나 유고슬라비아의 초대 대통령이었던 요시프 티토는 권위주의적 풍토 속에서, 그것도 막강한 권력을 가지고 있었으면서도 끝까지 권위주의에 물들지 않았다. 그의 전기를 쓴 필리스 오티는 "그의 인격 가운데 가장 뛰어난 부분은 결코 권력에 도취되는 일이 없었다는 점이다"라고 말했다.

5개의 민족, 3개의 종교, 3개의 공용어, 2개의 문자로 된 유고를 통일한 그는 반세기 가깝도록 절대적인 권력을 누렸다. 종신 대통령, 종신 당의장이지만 죽는 날까지 국민의 우상이기도 했다. 그는 유고의 자주 독립과 주권을 지키기 위해 감히 스탈린과 맞서기까지 했다. 오티에 의하면 그는 권력을 즐기기는 했지만 권력으로 인해 부패하지는 않았다. 티토가 오티에게 말하기를 "내 인생을 통해 내가 자랑할 수 있는 것이 무엇이었는가는 역사가 밝혀줄 것이다. 역사는 나의 좋지 않았던 면도 기록할 것이다. 나 스스로는 인민과 국가를 위해 온 인생을 바쳤다고 생각한다."

어떤 사람의 성격을 알고 싶다면 그에게 권력을 쥐어주라는 링컨의 말은 진리와 같다. 피에르 몽퇴와 아르투로 토스카니니에게서 권력 행사의 두 가지 대조적인 유형을 볼 수 있다. 몽퇴는 카리스마적인 쇼맨이 아니었다. 지휘봉을 휘두르는 동작도 크지 않았다. 그는 약 18인치(45센티미터)의 폭에 1피트(30센티미터) 높이의 작은 상자가 자기 앞에 있다고 상상하고 그 안에서만 지휘봉을 휘둘렀다. 청중은 그가 휘두르는 지휘봉의 움직임을 느끼지 못할 정도였다. 그러나 단원들은 그의 미세한 움직임도 놓치지 않고 따랐다.

그가 지휘봉을 1인치 위로 올리면, 그것은 크레센도(점점 세게) 사인이었다. 10인치를 움직이면 소리의 엄청난 폭발을 뜻했다. 악기 도입을 가리키는 큐 사인의 대부분을 그는 눈으로 했다. 프렌치호른에게 큐 사인을 할 때는 눈썹을 살짝 올렸다. 현악기를 위해서는 그냥 그쪽으로 시선을 돌리기만 했다. 첼로는 새끼손가락으로 지시했다.

그는 항상 자신감 넘치고 여유가 있었지만 독선적이지는 않았다. 이따금 지시 사항을 바꾸어도 단원들은 그의 권위를 의심하지 않았다. 그는 첼로가 내는 소리가 마땅치 않을 때는 야단치는 대신 "당신 정말 그렇게 크게 소리를 내고 싶은가?"라고 조용히 물었다. 오보에 소리가 거칠게 들리면 "조금만 더 부드럽게 불면 얼마나 더 아름답겠는가"라고 말했다. 그는 강요하지 않았을 뿐만 아니라 위협하지도 않았다. 지시하는 사람이 아니라 길을 잘못 들어선 이를 돕는 사람처럼 단원들을 따뜻하게 대했다.

그의 이런 온화하고 부드러운 권위는 아무로 모르게 조용히 규율을 잡아나갔다. 가령 브람스의 피아노 협주곡 2번 2악장에서 첼로가 기대하던 소리를 내지 못했다고 하자. 그러면 그는 지휘를 중단한다. 그리고 모두가 손을 멈추고 있는 동안 실수한 첼리스트를 말없이 쳐다본다. 그 첼로 주자에게 이보다 더 무안스러운 일도 없을 것이다. 몽퇴가 권위를 가질 수 있었던 것은 어떤 경우에나 그가 옳다는 것을 모든 단원이 잘 알고 있었기 때문이다.

이처럼 부드러움이 더 강력한 힘을 발휘할 수 있다는 사실은 노자와 상종의 일화에서도 확인해볼 수 있다. 노자가 주나라의 은사隱士 상종의 병이 심하다는 소식을 듣고 문병을 갔다.

"제자들에게 뭔가 남기실 말씀이 있습니까?"

"내 혀가 아직 있느냐?"

"물론 있습니다."

"그럼 이는?"

"하나도 없습니다."

"왜 그런지 아느냐?"

"혀는 부드럽기 때문에 남았고 이는 단단하기 때문에 없어졌다고 생각합니다."

"그렇다. 천하의 일도 이 이치와 같다. 제자들에게도 이 말을 전하라."

토스카니니는 몽퇴와 정반대였다. 그는 공포를 불러일으키며 규율을 강화했다. 소리를 지르고, 발을 동동 구르고, 때로는 단원들에게 지휘봉을 던지기도 했다. 그는 사소한 잘못도 용서하지 않았다. 그의 분노를 피하기 위해서라도 단원들은 그가 하라는 대로 할 수밖에 없었다.

심지어 그는 어느 오케스트라와 연습을 하다가 연주가 잘 되지 않자 화를 참지 못하고 지휘봉을 부러뜨리려 했다. 그러나 지휘봉이 단단해서 잘 부러지지 않자 호주머니에서 손수건을 꺼내 찢으려고 했다. 손수건도 잘 찢어지지 않았다. 그는 더욱 화가 치밀어 윗저고리를 벗어 갈기갈기 찢었다. 이처럼 그는 불같은 제 성미를 억제하지 못할 때가 많았다. 그럼에도 불구하고 모든 단원이 그의 권위를 존중했다. 그가 절대적인 카리스마의 소유자였기 때문이다.

카리스마와 리더십

우리는 자주 리더십과 카리스마를 혼동하고, 카리스마와 리더십이 정비례한다고 착각하곤 한다. 카리스마는 '아름다운 선물'이라는 뜻의 그리스어에서 유래한 말이다. 이 어원에 따르면 카리스마란 사람이 몸에 지니고 태어나는 것이라고 풀이해볼 수 있다. 그러나 나폴레옹은 그렇게 보지 않았다.

"나의 권력은 나의 영광 덕분이고, 나의 영광은 나의 승리 덕분이다. 만약 내가 새로운 영광과 승리를 기초로 삼지 못한다면 내 권력은 무너질 것이다. 오늘의 나를 만든 것은 정복이며, 정복만이 내 권력을 지탱해줄 것이다."

성공하니까 카리스마가 있는 것처럼 보이는 것이지 카리스마가 있기 때문에 성공하는 것은 아니다. 또 아무리 카리스마가 있어 보여도 성공하지 못하면 카리스마를 잃게 된다.

오늘날 세계 어디를 둘러보아도 처칠, 루스벨트, 장제스, 마오쩌둥, 티토, 흐루시초프, 드골처럼 카리스마에 찬 리더들을 보기 어렵다. 어떤 역사학자는 카리스마의 시대는 지나갔다고 단정하기까지 했다. 우리가 이제 카리스마를 필요로 하지 않는 시대에 살고 있다고 생각하는 이들도 있을 것이다. 그러나 이는 충분히 안정되어 있고, 강력한 구심점이 없어도 저절로 잘 움직이는 사회에서나 가능한 얘기다.

칼럼니스트 스튜어트 올솝이 1962년에 매사추세츠 상원의원에 출마한 테드 케네디의 카리스마에 대해서 한 기자에게 설명하려 했다. 그러자 그녀는 "카리스마란 그저 섹스어필 같은 것에 지나지 않는 건가요?"라고 물었다. 분명 카리스마는 일종의 정치적인 섹스어필이라 할 수 있다. 막스 베버는 『경제와 사회』의 카리스마적 권위에 관한 장에서 이렇게 말했다.

"카리스마라는 용어는 개인의 인격 가운데 특정한 자질을 가리키는 말로, 이 자질로 인해 그는 보통 사람과 구분되며 초자연적, 초인간적 또는 적어도 특별히 예외적인 힘이나 자질을 천부적으로 지니고 있다고 여겨진다."

1967년에 미국의 몇몇 저명인사들이 카리스마에 대한 정의를 내리려고 했다. 이때 가수이자 인권 운동가였던 리나 혼은 암살된 흑인 무슬림 리더 맬컴 엑스가 가장 카리스마적인 인물이었다고 말했다.

"나는 그를 만나본 적조차 없다. 하지만 그를 느낄 수 있었고, 그가 죽은 후인 지금도 그를 느끼고 있다."

뉴욕의 메트로폴리탄 미술관 관장이던 토머스 호빙은 또 이렇게 말했다.

"내가 만난 사람 중에서 가장 카리스마적이었던 인물은 푸에르토리코의 루이스 무뇨스마린이었다. 그가 방 안에 들어서면 곧바로 사람들은 그의 카리스마를 느낀다. 피카소, 하일레 셀라시에(에티오피아 황제), 드골, 장제스 등도 마찬가지였다. 교황 요한 23세에게는 카리스마가 있었지만 교황 바오로 6세에게는 없었다. 또 흐루시초프에게는 있었지만 스탈린에게는 없었다."

1992년 「워싱턴포스트」의 한 기획기사에서는 정치인들이 탐내는 정치적 카리스마란 심리적으로는 적극적인 성적 에너지와 분리할 수 없을 것이라고 결론을 내렸다.

현대 사회의 리더에게는 카리스마가 필요하지 않다는 의견도 만만치 않게 많다. 피터 드러커는 『새로운 현실』이라는 책에서 이렇게 주장했다.

"현대 세계에서 카리스마적 정치가는 해롭기만 하다. 중요한 것은 정치 이념이 아니라 요란스럽지 않게 오늘의 과제를 처리해나가는 실무 능력이다."

피터 드러커에 의하면, 전후의 역사는 루스벨트나 케네디보다는 트루먼, 맥아더보다는 아이젠하워나 아데나워 같은 별다른 카리스마가 없는 사람들에 의해 이루어졌다. 그 후에도 전 세계는 부시, 콜, 미테랑, 대처 등 실무형 리더들이 이끌어왔다. 드러커는 트루먼, 아데나워 같은 카리스마 없는 리더들이 가진 탁월한 자질로 높은 윤리성, 깊은 신앙심, 책임감, 겸허함 등을 들었다.

아마도 드러커는 카리스마적 정치가를 틀과 관례를 무시하고 사람들을 들뜨게 하는 매력 넘치는 사람이라고 보는 모양이다. 그러나 명확한 목표와 비전을 제시하고, 그것의 실현을 위해 꾸준히 리더십을 발휘하는 사람도 카리스마가 있다고 볼 수 있지 않을까? 카리스마는 효과적인 리더십의 결과이지 카리스마가 있어서 효과적인 리더십이 생기는 것은 아니다. 그러므로 일견 카리스마가 없어 보이는 리더들도 그들이 일궈낸 성취의 결과로 자연스럽게 카리스마를 얻게 된다고도 볼 수 있을 것이다.

카리스마는 마법의 힘도 아니고 신비로운 것도 아니다. 그것은 인간적인 매력이며 개인적인 자질이다. 무엇보다도 다른 사람들로 하여금 자신의 비전을 받아들이고 그것을 열정적으로 따르게 만드는 능력이다.

카리스마는 배워서 길러질 수 있는가

카리스마는 때로 매우 위험하기도 하다. 케네디도 카리스마의 소유자였지만, 히틀러도 마찬가지였다. 그것은 잘 쓰면 좋지만 악용하면 엄청난 해독을 끼친다.

카리스마가 무엇인지를 정의하기는 쉽지 않다. 오히려 눈으로 확인하면 분명해진다. 카리스마를 가진 리더는 우선 복잡한 아이디어를 단순한 메시지로 여과하는 뛰어난 재능을 가지고 있다. 지성인보다 일종의 '반反지성인'에게서 카리스마를 더 많이 찾아볼 수 있는 것도 이런 이유에서다. 카리스마 있는 리더에게는 다음과 같은 특징이 있다.

1. 위험을 두려워하지 않고 오히려 즐긴다.
2. 전례 없는 일을 하고 싶어 한다. 낙천주의자다.
3. 관습, 관례와 싸우는 반항아다. 괴짜 같은 이미지
   가 카리스마를 증폭시킨다.

역사상 가장 먼저 대중 심리를 연구한 프랑스의 귀스타브 르봉은 다음과 같이 말했다.

"위엄이란 한 개인, 한 사업, 한 사상이 우리의 마음에 작용하는, 사실상 일종의 감화 작용이다. 이 감화는 우리의 모든 비판 능력을 마비시키고 경탄과 존경으로 우리의 마음을 채운다."

그가 말한 '위엄'이란 사실상 우리가 지금껏 이야기해온 카리스마를 뜻하는 것이다. 그에 의하면 뛰어난 리더란 위엄의 소유자이며, 그를 만나는 순간 경탄과 존경의 마음을 품게 되는 무엇인가를 가지고 있는 사람이다. 이런 위엄은 선천적인 자질에서만 나오는 것이 아니다.

카리스마에는 교과서가 없다. 배운다고 곧바로 터득할 수 있는 것도 아니다. 카리스마가 풍부한 사람에게

카리스마를 배우겠다는 것은 로버트 드 니로에게 연기를, 혹은 타이거 우즈에게 골프를 배우겠다는 것과 같다. 아무리 열심히 배운다 해도 드니로만 한 배우가 될 수는 없으며, 우즈만 한 골퍼가 될 수도 없다. 하지만 약간의 자질과 가능성에 배움과 노력이 더해진다면 후천적으로 카리스마가 길러질 가능성이 아예 없지는 않을 것이다.

1996년 1월 15일자 「포춘」에는 다음과 같은 설문이 실려 있었다.

당신에게는 카리스마가 있습니까?

1. 나는 ……에 대해서 걱정한다.
가) 현재의 경쟁자들
나) 미래의 경쟁자들 ✓

2. 나는 ……을 생각할 때 가장 마음이 편하다.
가) 일반적인 것 ✓
나) 구체적인 것

3. 나는 ……에 관심을 집중하는 경향이 있다.

가) 우리가 잃어버린 기회들 √

나) 우리가 잡은 기회들

4. 나는 ……을 선호한다, 택한다.

가) 우리를 위대하게 해준 전통을 발전시키는 것

나) 새 전통을 창조하는 것 √

5. 나는 ……를 통해 아이디어를 전달하는 것이 좋다.

가) 글로 정리한 보고서

나) 한 장짜리 도표 √

6. 나는 ……를 묻는 경향이 있다.

가) "어떻게 하면 이것을 더 잘할 수 있는가"

나) "왜 우리는 이것을 하고 있는가" √

7. 나는 ……라고 믿는다.

가) 항상 위험을 최소화하는 방법이 있다 √

나) 어떤 위험은 너무 감당하기 어렵다

8. 상사와 의견이 일치하지 않을 때 나는 대체로

가) 그가 의견을 수정하도록 부드럽게 말한다.

나) 당신 의견이 틀렸다고 단도직입적으로 말한다 √

9. 나는 ……을 쓰면서 사람들을 움직이려 한다.

가) 감정 √

나) 논리

10. 나는 이런 설문이 ……고 생각한다.

가) 우스꽝스럽다

나) 흥미있다 √

당신의 답이 √ 표시와 일곱 개 이상 일치한다면, 당신은 높은 카리스마 지수와 카리스마 있는 리더가 될 잠재력을 지니고 있다. 반면에 √와 일치하는 경우가 넷 이하라면 카리스마 지수가 낮은 것이다. 당신은 카리스마가 길러질 수 있다고 믿는가?

리더십

리더란 단순히 권력이 있거나 돈이 많거나 높은 자리에 앉아 있는 사람을 뜻하는 것이 아니다. 사장보다 더 리더다운 상무나 전무가 있을 수도 있다. 리더란 리더십을 가진 사람이고, 리더십이란 사람을 움직이는 힘을 말한다.

"개도 직권이 있으면 사람들이 따른다."

셰익스피어의 『리어왕』에 나오는 말이다. 왕위에서 물러나자마자 사람들이 거들떠보지 않아 황야에서 헤매던 리어왕이 옛 시절을 회상하면서 하는 한탄이다.

사람들은 흔히 윗사람을 어려워하며 그 앞에서 굽실거린다. 그것은 윗사람이 잘나서가 아니라 그가 가지고 있는 권력이 두렵기 때문이다. 그런 줄도 모르고 어리석은 윗사람은 자기가 잘나서 사람들이 우러러보고 따르는 것이라 착각한다. 그래서 높은 자리에 오르자마자 걸음걸이며 말투까지 달라지는 경우도 있다.

그러나 위엄을 부린다고 사람들이 우러러보고 따르는 것은 아니다. 무엇보다도 다른 사람을 움직일 수 있는 리더십이 있어야 한다. 그렇다면 리더십이란 무엇인가?

"예술에서 가장 중요한 것은 설명할 수 없는 부분이다."

화가 브라크의 이 말은 리더십에도 그대로 적용된다. 리더십이 생득적인 것이라고 말하는 이들도 있다. 다시 말해서 리더란 만들어지는 것이 아니라 태어날 때부터 자질을 가지고 있어 운명적으로 그 자리에 오른다는 것이다. 그런가 하면 역사적 사건이 평범한 사람을 리더로 만든다는 주장도 있다. 워싱턴도 독립전쟁에서 군대를 이끌어갈 장군이 필요할 때 마침 '그 자리'에 있었다. 만약 독립전쟁이 없었다면 그는 평범한 시골 신사로 끝났을 거라고 보는 역사학자도 있다. 분명 영웅은 난세亂世에 나타난다. 아무리 훌륭한 리더라 해도 때를 만나지 못하면 리더십을 발휘할 기회를 얻지 못한다. 일정한 목표를 달성하기 위해 부하들이 힘을 최대한 발휘할 수 있게 독려하고, 부하들이 살아갈 보람을 느끼게 하는 힘이 리더십이라면, 전쟁과 관계없이 워싱턴은 분명 뛰어난 리더였다.

리더십은 세 가지 '십ship'으로 이루어진다.

1. 헤드십headship: 다른 사람이 나의 명령이나 지시를 따르게 하는 것으로, 권한에 입각한 리더십이다. 구체적으로는 부하에게 명령, 지시를 하고 이를 따르지 않는 사람에게 주의를 주거나 처벌하는 것을 말한다.

2. 매니저십managership: 관리에 입각한 리더십이다. 부하가 효율적으로 일할 수 있도록 계획을 명확히 세우고, 부하의 능력과 적성을 고려하여 각자에게 어울리는 일을 제대로 맡기는 관리 능력이다. 여기에는 부하의 능력에 낭비가 없도록 하는 것도 포함된다.

3. 좁은 의미의 리더십: 부하에게 자발적으로 일할

마음이 일어나도록 하는 것이다.

우리는 나라나 조직이 어지러울 때는 리더십이 없기 때문이라 하고, 문제없이 잘 굴러갈 때는 리더십이 있기 때문이라고 생각한다. 이럴 때 리더십과 헤드십을 혼동하기 쉽다.

헤드십이란 조직에서 공식적인 지위나 권한, 제도로 사람들을 움직이는 힘으로, 말 그대로 머리로 이해하고 명령으로 사람들을 다루는 것이다. 이와 달리 리더십이란 직위나 권한이 아니라 사람 자체의 힘으로 조직을 움직이는 것으로, 구성원들의 마음을 얻어 자발적인 추종을 이끌어내는 것을 뜻한다. 이렇게 헤드십과 리더십은 완전히 다른 개념이다. 둘 사이의 공통점은 그저 말꼬리에 붙어 있는 '십ship'이란 말뿐이다.

배를 뜻하는 '십'이 처음으로 붙은 단어는 스포츠맨십이다. 17세기의 일이다. 어느 날 영국의 리처드 킹스턴 경이 축구 시합을 관전하고 있었다. 사소한 일로 스코틀랜드 군과 잉글랜드 군의 선수들이 충돌하자 관객도 흥분하여 경기장 안으로 몰려 들어갔다. 이때 킹스턴 경은 이렇게 연설했다.

"우리는 모두 같은 배의 승무원들입니다. 우리는 이 배를 침몰시켜서는 안 됩니다. 그렇습니다. 이 스포츠맨들을 위한 배를 침몰시켜서는 안 됩니다."

리더십은 리더도 배 안에 함께 타고 모두가 함께 움직이도록 하는 것인 데 반해, 헤드십은 리더가 배 밖에 있으면서 배에 탄 사람들을 끌어당기는 것이라 할 수 있다. 승무원들은 헤드십과는 운명을 같이하지 않는다. 리더십에는 두뇌와 심장이 모두 필요하지만, 헤드십에는 심장이 필요 없는 까닭도 여기 있다. 중요한 것은 리더십이 있느냐 없느냐가 아니라 리더십과 헤드십 중 어느 것이 더 판을 치느냐이다.

미국의 역사학자들은 미국의 역대 대통령 중에서 링컨을 가장 훌륭한 대통령이라고 평가한다. 여기에는 그럴 만한 충분한 근거가 있다. 조지 매클렐런은 남북전쟁에서 가장 뛰어난 활약을 보인 장군이었다. 하루는 그를 격려하기 위해 링컨이 국방장관을 대동하고 그의 야전 사령부를 방문했다. 장군은 아직 전장에서 돌아오기 전이었다. 링컨은 몇 시간 동안 사령관실에 앉아서 그를 기다려야 했다. 드디어 장군이 들어왔다. 그는 방 안에 앉아 있는 대통령과 장관을 본 체 만체하고 2층 자기 방으로 올라가버렸다. 링컨과 장관은 서로 얼굴을 쳐다보고는 장군이 곧 내려오리라 생각하고 다시 의자에 앉았다. 한참 후에야 하녀가 나타나더니 이렇게 말하는 것이었다.

"죄송합니다만, 장군께서는 너무 피곤해서 그냥 잠자리에 드신다고 대통령께 말씀드리라 이르셨습니다."

놀란 것은 장관이었다. 일개 장군이 직속상관인 자신은 물론이고 감히 대통령마저 이렇게 무시하다니. 있을 수 없는 일이었다.

"저렇게 무례한 놈은 제 생전에 본 적이 없습니다. 대통령께서는 장군을 당장에 직위 해제하셔야 합니다."

잠시 침묵을 지키던 링컨은 장관에게 조용히 말했다.

"아닙니다. 장군은 우리가 이 전쟁에서 이기는 데 꼭 필요한 사람입니다. 장군 덕분에 이 유혈의 전투가 단한 시간이라도 빨리 끝날 수 있다면 나는 기꺼이 그의 말고삐를 잡아주고, 그의 군화도 닦아줄 것입니다. 나는 그를 위해서라면 무슨 일이든 다 할 것입니다."

이렇게 링컨은 참다운 리더의 모습을 보여주었다. 일개 장군의 엄청난 무례를 보면서 그는 대통령으로서 참을 수 없는 노여움을 느꼈을 것이다. 그러나 그는 잠도 못 자고 전투에 시달린 장군에게는 휴식이 필요하다는 사실도 잘 알고 있었다. 전장의 장군에게 예고도 없이 불쑥 찾아온 자신에게도 잘못이 있다고 생각했을 것이다. 순간적인 감정에 휩쓸려 장군을 파면시킬 수도 있었겠지만, 그렇게 해서 군대의 사기에 부정적인 영향을 미친다면? 전쟁 수행에 조금이라도 차질이 생긴다면? 링컨은 노여움을 누르며 이런저런 계산을 하느라 잠시 말이 없었던 것이다.

누군가를 자발적으로 따르려면 그의 말이나 행동, 생각을 기분 좋게 받아들일 수 있어야 한다. 따라서 리더십을 쉽게 풀이한다면, 사람들이 기분 좋게 자신을 따르게 하는 능력이라고 할 수도 있다.

이안 맥그리거가 영국 제철회사 브리티시 스틸의 회장 자리에 올랐을 때, 제일 먼저 한 것은 중간 관리자들의 사기를 높이는 일이었다. 그는 사원들을 신바람 나게 만드는 것이야말로 조직의 최고 통솔자가 해야 할 가장 중요한 일이라는 것을 알고 있었다. 그는 경제적인 보상을 약속하는 대신에 그들이 자존심을 지키며 자신감 있게, 독립적으로 일할 수 있게 해주었다. 훗날 이안 맥그리거는 당시를 이렇게 회고했다.

"그리하여 사원들은 모두가 자신이 조직에 꼭 필요한 인물이라고 자부하기 시작했다. 나는 그들이 자기 능력을 최대한 발휘할 수 있게 보다 많은 기회를 제공했다."

리더십은 타고나는 것인가

막대한 권력을 가지고도 리더십을 발휘하지 못하는 리더가 있다. 그런가 하면 별로 눈에 띄지 않던 사람이 리더의 자리에 오르자마자 사람이 달라진 듯 뛰어난 리더십을 발휘하는 경우도 있다. 그렇다면 리더십은 타고나는 것인가 아니면 후천적으로 얼마든지 배울 수 있는 것인가? 또 풍부한 자질을 타고났다면 훈련을 하지 않아도 되는 것인가?

우드로 윌슨이 대통령일 때의 일이다. 노동부 장관이 사표를 냈다. 그러자 백악관의 한 청소 노동자가 넌지시 대통령에게 청을 했다.

"대통령님, 노동부 장관 자리에는 제 남편이 적임자

입니다. 그는 노동자라 노동이 무엇인지 잘 알고 있습니다. 노동자에 대한 이해도 깊습니다."

월슨 대통령이 대답했다.

"사람을 추천해주니 대단히 고맙네. 하나 장관은 대단히 중요한 자리라는 것을 잊지 말게나. 인품이 좋고 영향력이 있는 사람이라야 장관이 될 수 있는 거라네."

그녀는 이 말을 받아 이렇게 말했다.

"하지만 대통령님, 당신이 저의 남편을 장관으로 만들어만 주신다면 제 남편도 영향력을 갖게 될 게 아닙니까? 인품도 그렇고요."

흔히 우리는 자리가 사람을 만든다고 말한다. 아닌 게 아니라 별로 대단치 않게 보이던 사람이 훌륭한 사장이 되고, 전쟁에서 뛰어난 지휘관이 되기도 한다. 그렇다면 리더의 자질은 후천적인 것일까? 얼마든지 훈련과 경험으로 획득할 수 있는 것일까?

한평생 원시 사회를 연구한 인류학자 레비스트로스는 리더의 자질은 타고나는 것이라고 보았다. 그는 브라질 원주민 남비콰라족 추장의 자질에 대해서 연구한 끝에 이렇게 결론을 내렸다.

"태어날 때부터 추장인 이들이 있다. 어떤 인간 집단에서도 다른 구성원들과 달리 위신을 좋아하고, 책임감이 강하고, 공사公事를 맡는 것 자체를 보수報酬라고 생각하는 인간이 있다."

마키아벨리도 이렇게 말했다.

"리더의 자질이란 결국은 타고난 천성에 따르는 것이 아닐까. 배운다고 되는 것이 아니지 않은가."

그런가 하면 미 육군사관학교의 교장이었던 데이브 파머 장군은 다음과 같이 거침없이 장담했다.

"정신분열자만 아니면 아무라도 좋다. 나한테 데려오라. 그러면 내가 그를 리더로 만들어주겠다."

조직론의 전문가인 허버트 사이먼은 "리더란 (지성, 활력, 인화력 등) 천부의 재능을 갖추고 있는 사람이 연습과 학습, 그리고 경험을 쌓아 그 재능을 원숙한 기술로 발전시킬 때 태어나는 것이다"라고 말했다. 천부의 재능이라는 선천성, 학습과 경험이라는 후천성이 모두 필요하다는 주장이다.

호이트 반덴버그가 2차 대전 당시 제9공군 사령관이었을 때의 일이다. 어느 날 그는 부대를 순시하다가

한 폭격수를 만났다. 그는 "나는 오늘 날지 않겠습니다. 오늘은 도저히 날지 못하겠습니다"라고 소리쳤다. 반덴버그는 그에게 달려가 "너는 오늘 날지 않아도 된다. 오늘은 내가 나는 날이다"라고 말하며 폭격수의 어깨를 두드렸다. 그러고는 자기가 폭격기에 올라타 직접 폭격수 노릇을 했다. 날지 못하겠다던 폭격수는 그다음 날부터 비행 의무 시간을 별 탈 없이 채울 수 있었다. 제9공군의 사기가 오른 것은 두말할 나위가 없다.

반덴버그는 선천적인 리더는 아니었다. 그는 공군 사관학교 생도 시절에 리더십 부족을 이유로 퇴학당할 뻔했다. 그런 그가 나중에 4성 장군이 되고, 미 공군 참모총장까지 지냈다. 리더십이 배움과 노력을 통해 길러질 수 있는 게 아니라면 이런 일은 불가능했을 것이다. 펩시의 로저 엔리코 회장도 이렇게 말했다.

"리더십 트레이닝이란 부족한 것을 보완하는 것이 아니다. 나는 리더십을 전혀 발휘하지 못하는 사람들에게는 리더십을 가르치지 않았다. 그러나 나는 리더십은 연습과 훈련에 의해 연마할 수 있는 기술이라고 생각한다."

이런 견해들을 종합해본다면 이렇게 말할 수 있다. 리더십은 어느 정도는 배워서 터득할 수 있다. 그러나 배워서 터득할 수 있을 정도의 선천적인 자질은 가지고 있어야 한다.

웬만한 대학에는 리더십 강좌가 있다. 주로 기업이나 기관 등 하나의 조직을 이끌어가는 데 필요한 기술을 가르친다. 그러나 이 과정을 우수한 성적으로 이수한다고 해서 아무나 리더가 되는 것은 아니다. 선천적으로 자질이 부족한 사람이 '대통령학'이라는 강좌에서 우수한 학점을 받았다고 훌륭한 대통령이 되는 건 아니라는 뜻이다. '자식 키우는 법을 배운 다음에 시집가는 여자가 어디 있나'라는 말이 있듯이, 클린턴 대통령처럼 대통령 직을 수행하는 과정에서 배워가면서도 원숙한 리더십을 발휘할 수 있다. 물론 그에게 그만한 바탕이 있었기 때문에 가능했던 일이다.

그러므로 리더십을 가르치고 배우는 것은 제한된 범위 내에서만 유효하다고 할 수 있다. 게다가 모든 것이 불확실한 상황에서 많은 사람에게 영향력을 행사할 수 있는 리더십을 가르치는 것 자체가 여간 어려운 일이 아니다. 시대나 상황에 따라 바람직한 리더의 상이 달라질 수밖에 없기 때문에 더욱 그렇다. 서던캘리포니아 대학교에서 리더십 강좌를 맡았던 에드워드 롤러 교수는 여러 해 전 IBM이 리더십을 키울 수 있는 최고의 회사라고 상찬했다. 그런 그가 후에는 그렇지 않다는 의견을 냈다.

"IBM이 어느 회사보다 인재 양성에 많은 돈을 쓴 것은 사실이다. 그러나 그들은 이미 과거가 되어버린 세계를 가르쳤을 뿐이다. 그들은 1970년대의 기업 경영에 어울리는 사람들을 키워냈다. 1990년대에 이르자 그들은 시대에 맞지 않는 일에만 유능한 인재들을 갖게 되었다."

어떤 의미에서는 누구에게나 잠재적인 리더십이 있다. 한 조직에서는 평범한 일원인데, 다른 조직에서는 리더 노릇을 할 수도 있다. 또 누구에게나 리더십을 발휘할 수 있는 기회가 있다.

미국의 심리학자이자 경영학자로 조직에서의 인간 완성과 자기실현의 가능성을 주장한 X이론, Y이론을 제창한 더글러스 맥그리거는 이렇게 말했다.

"리더십이란 단지 리더 한 사람의 특성이라기보다는 리더와 그가 맞닥뜨린 상황과의 관계다."

리더십이란 타고난 인격이나 능력과 같은 게 아니라 일터나 관계에서 경험을 많이 축적하고, 일상적인 노력을 거듭하며 형성되는 것이라는 뜻이다. 존 러스킨도 리더의 자질은 "우연적인 것이 아니다. 그것은 언제나 지적인 노력의 결과물이다"라고 말한 바 있다. "뛰어난 자질을 가졌다고 해서 그 사람이 위대하다고 생각해서는 안 된다. 그가 그 자질을 어떻게 살리느냐를 보고 판단해야 한다"고 말한 프랑스 작가 프랑수아 드 라로슈푸코도 같은 의견이었다.

이렇게 본다면 리더십을 이루는 대부분의 자질들은 배워서 얻어지는 것이라고 봐야 할 것이다. 물론 그 배움이란 교과서나 이론 같은 것을 통해서가 아니라 매우 오묘한 인간적인 과정과 수많은 시행착오, 승리와 패배, 타이밍, 우연, 기회, 직관 등의 상호작용을 통한 것이다.

리더와 보스

리더는 보스와 다르다.

리더는 사람들을 이끌고 간다. 보스는 사람들을 몰고 간다.

리더는 선의에 의존한다. 보스는 권위에 의존한다.

리더는 회초리를 필요로 하지 않는다. 보스는 늘 회초리를 필요로 한다.

리더는 '우리'라고 말한다. 보스는 '나'라고 말한다.

리더는 '가자'고 권한다. 보스는 '가라'고 명령한다.

리더는 앞에서 공개적으로 일한다. 보스는 등 뒤에서 일한다.

리더는 남을 믿는다. 보스는 남을 믿지 않는다.

리더는 희망을 준다. 보스는 겁을 준다.

리더는 존경을 모은다. 보스는 복종을 요구한다.

리더는 자기가 밟고 있는 땅에서 눈을 떼지 않는다. 보스는 무지개를 바라본다.

리더는 대중의 눈으로 세상을 본다. 보스는 자기 눈으로만 세상을 본다.

리더는 '약점에도 불구하고' 권위를 얻는다. 보스는 '약점에 의해' 권위를 유지한다.

리더는 약점을 숨기지 않는다. 그럴 필요를 느끼지 않기 때문이다. 보스는 약점을 숨긴다. 권위를 잃을까 두렵기 때문이다.

리더는 자기 의견에 반대하는 사람을 가까이한다. 보스는 자기와 의견을 달리하는 사람을 미워한다.

리더는 권위를 쌓는다. 보스는 권력을 쌓는다.

리더는 타협을 잘하고 대화를 즐긴다. 보스는 타협을 모르고 대화를 거부한다.

리더에게는 귀가 여러 개 있다. 보스에게는 귀가 없다. 정확히 말하자면 듣기 좋은 말만 듣는 귀 하나만 가지고 있다.

리더는 무엇이 잘못되었는가를 알려준다. 보스는 누가 잘못하고 있는가를 지적한다.

리더는 자기 말에 책임을 진다. 보스는 자기 말도 무시한다.

리더는 지지자를 만든다. 보스는 부하만을 만든다.

리더는 권위마저도 즐기지 않는다. 보스는 권력을 즐긴다.

리더는 권력이란 하나의 수단에 지나지 않는다고 여긴다. 보스는 권력이 전부라고 생각한다.

리더는 후계자의 짐을 덜어준다. 보스는 후계자에게 무거운 짐만 떠넘긴다.

리더는 앞에서 이끈다. 보스는 뒤에서 호령한다.

아이젠하워 장군은 통솔의 기술을 끈 한 가닥으로 설명한 적이 있다. 그는 탁자 위에 끈을 올려놓고 "이 끈을 당겨봐라. 그러면 끈은 얼마든지 당신이 원하는 곳으로 따라갈 것이다. 그러나 그것을 밀면 어디로도 가지 못할 것이다. 사람을 이끌 때의 요령도 이와 똑같다"라고 말했다.

1973년 거장 유진 오먼디가 이끄는 필라델피아 오케스트라가 중국을 방문했을 때의 일이다. 그들은 베이징에서 중국 필하모닉오케스트라가 베토벤 교향곡 5번을 연주하는 것을 듣게 되었다. 듣기가 민망할 정도로 빈약한 연주였다. 1악장이 끝나자 중국인 지휘자는 예의를 지키는 뜻에서 지휘봉을 유진 오먼디에게 넘겨주었다. 2악장부터 오먼디가 지휘하기 시작하자 오케스트라의 연주가 완전히 달라졌다. 마치 오먼디가 여러 해 동안 그 오케스트라를 지휘해온 것 같았다. 중국인 단원들마저도 자신들의 연주에 감동할 정도였다. 그들은 완전히 딴 사람이 되었다. 이윽고 3악장에 이르러 그들은 더욱 신들린 듯이 연주했다.

그러나 누구보다도 깊이 감동한 것은 필라델피아 오케스트라의 단원들이었다. 그들은 자신들을 이끌어온 지휘자의 천재성과 뛰어난 리더십에 새삼 놀란 것이다. 오먼디가 얼마나 위대한 지휘자인가를 미처 깨닫지 못한 자신들을 부끄럽게 생각하는 한편, 그런 지휘자를 가지고 있다는 것을 한없이 자랑스럽게 여겼다. 연주가 끝나자 그들은 힘찬 박수를 보냈다. 오먼디에 대한 감사의 표현이었다. 참다운 리더란 이렇게 사람들이 의식하지 못하는 가운데 리드할 수 있어야 한다.

리더와 매니저

리더는 매니저manager와도 다르다. 원래 '매니지먼트management'란 말은 '손'을 뜻하는 라틴어 '마누스manus'에서 유래한 이탈리아어 '마네자레maneggiare(말을 길들이다)'가 영어로 바뀌면서 '경영하다, 관리하다'라는 뜻을 갖게 되었다.

리더는 현실에 도전하지만, 매니저는 현실을 있는 그대로 받아들인다.

리더는 장기적으로 멀리까지 내다보지만, 매니저는 당장 눈앞에 있는 것만 본다.

리더는 '무엇을, 왜' 하는가를 문제 삼지만, 매니저는

'언제, 어떻게'를 문제 삼을 뿐이다.

리더는 먼 앞날을 계산하지만, 매니저는 당장 눈에 보이는 손실과 이득만 계산한다.

리더는 창조하지만, 매니저는 모방할 뿐이다.

리더는 개혁을 하지만, 매니저는 관리만 한다.

리더는 현상을 타파하지만, 매니저는 현상을 유지한다.

리더는 올바른 일을 하는 사람이지만, 매니저는 일을 올바르게 처리하는 사람이다.

「월스트리트 저널」에 다음과 같은 메시지가 실린 적이 있다.

"사람들은 관리 당하기를 원하지 않는다. 그들은 이 끌어주기를 원한다. 세계적인 매니저란 말을 들어본 사람이 있는가? 그러나 세계적인 리더란 말은 있다. 교육 리더, 정치 리더, 종교 리더, 보이스카우트 리더, 지역사회 리더, 기업계 리더 등등. 그들은 리드한다. 그들은 관리하지 않는다. 당근은 항상 회초리를 이긴다. 당신의 말에게 물어봐라. 당신은 말을 물가로 이끌 수는 있다. 그러나 말이 물을 마시도록 관리할 수는 없다.

만약 당신이 남을 관리하고 싶다면 먼저 당신 자신을 관리하라. 그것을 잘하게 되면, 당신은 관리를 멈추고 리드하기 시작할 것이다."

2장

리더의 조건

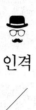

인격

1996년 미국 대통령 선거의 여론 조사에서 대부분의 미국인들은 빌 클린턴보다 밥 돌을 인간적으로 더 신뢰한다는 결과가 나왔다. 그런데도 미국인들은 클린턴을 대통령으로 선택했다. 그렇다면 대통령에게는 성격이며 품성이 크게 문제되지 않는 것일까?

로버트 윌슨은 대통령의 성격에서 문제가 되는 것은 그가 선량한 가족이고 신의 있는 친구이며 우정이 넘치는 사람인가, 언제나 거짓말을 하지 않는가, 일관성이 있는가 같은 것들이 아니라 우리 국민을 좀 더 나은 길로 이끌고, 우리의 신념을 두텁게 할 수 있는가라고 말했다. 리더에게는 인간이기에 어쩔 수 없는 성격적

결함 같은 것은 큰 문제가 되지 않는다는 얘기다. 하기야 성격이 좋다고 해서 반드시 훌륭한 리더가 되는 것은 아니다. 리더는 무엇보다도 지혜롭고, 판단력과 조직력이 있어야 하며, 사람들과 의사소통을 잘할 수 있어야 한다.

루스벨트는 성격적으로 모난 데가 있었지만 머리가 좋고 조직력이 뛰어났다. 케네디 또한 성격적인 결함이 적지 않았지만 두뇌 회전이 빠르고 결단력이 뛰어나서 훌륭하게 대통령 노릇을 할 수 있었다. 그러나 카터는 대단한 노력가이며 정직하고 성실한 인격자였지만, 결단력도 조직력도 모자라 훌륭한 대통령은 되지 못했다. 조지타운 대학교 교수인 아미타이 에치오니는 이렇게 말했다.

"테레사 수녀 정도의 인격자까지는 바라지 않는다. 대통령 후보들이 완벽한 인격의 소유자일 필요는 없다. 그러나 우리의 품위를 높여줄 수 있을 정도의 인격은 갖춰야 한다."

이처럼 윌슨이나 에치오니가 한결같이 강조하는 것은 좁은 의미의 성격보다도 품격-인품을 포함한 자질이다.

제럴드 포드 대통령은 예일대학교 법학대학을 과에서 세 번째로 우수한 성적으로 졸업했다. 그런데도 그는 우둔하다는 이미지를 벗어버리지 못했다. 린든 존슨은 "포드는 어찌나 아둔한지 껌을 씹으면서 걷지도 못한다"라고 조롱하기까지 했다.

코미디언 체비 체이스는 그런 포드를 놀림감으로 만들어 유명세를 얻었다. 그는 자주 발을 헛디디고 여기저기 잘 부딪히는 포드 대통령을 흉내 내면서 관중을 웃겼다. 그런 두 사람이 1976년 워싱턴에서 열린 연례 방송인의 밤에서 나란히 앉게 되었다. 악대가 대통령 찬가를 연주하자 체이스는 일부러 비틀거리면서 마이크를 잡고, 연단에 머리를 부딪히고, 갖가지 바보 같은 이야기들을 했다. 대통령을 흉내 내며 놀리는 것이었다. 그러나 포드는 이를 보며 관객들과 함께 유쾌하게 웃음을 터뜨렸다.

체이스의 연기가 끝나고 포드가 일어서는 순간, 손에 테이블보가 걸리면서 커피 잔이 엎질러졌다. 이어 연단 앞에 다다른 포드는 연설문을 펴려다 종이를 바닥에 모두 날려버렸다. 그러고는 일부러 바보스런 말투로 연설을 시작했다. 장내는 폭소로 떠나갈 듯했다. 사실은 포드가 이날을 위해 남몰래 바보 연기를 연습했던 것이다. 포드는 웃음을 웃음으로 받아넘길 만큼의 너그러움을 가지고 있었다. 그는 결코 우둔하거나 옹졸한 리더가 아니었던 것이다. 피터 드러커는 이렇게 말했다.

"경영자가 해야 할 일은 얼마든지 배울 수 있다. 그러나 배워서 되는 게 아니면서도 반드시 몸에 지니고 있어야 하는 자질이 하나 있다. 그것은 천재적 재능이 아니라 품성이다."

워터게이트 사건으로 임기 도중 대통령직을 사임한 닉슨 대통령은 『20세기를 움직인 지도자들』에서 리더의 조건은 야심과 결단이지, 그가 선인이냐 악인이냐가 아니라고 주장했다. 또 리더의 자질은 도덕과는 아무런 관계가 없다고 잘라 말하기도 했다. 그는 "거대한 권력을 쥐고 있는 사람은 보통 사람과는 이질異質의 인간이다"라는 스콧 피츠제럴드의 말을 인용하면서 이렇게 말했다.

"권력 그 자체가 사람을 더욱더 이질적인 인간으로 만들어낸다. 길거리에서 만나는, 어디에나 사는 '좋은 사람'이라면 권력을 쥘 수 없다."

이것은 닉슨의 자기변명에 지나지 않는다. 그가 말한 대로 도덕적인 리더가 반드시 훌륭한 리더가 될 수 있는 것은 물론 아니다. 그렇다고 해서 비도덕적인 리더가 훌륭한 리더가 될 수 있는 것도 아니다. 같은 자질과 능력을 가졌다면 도덕적인 사람이 비도덕적인 사람보다 훨씬 더 뛰어난 리더십을 발휘할 수 있다.

특히 우리나라처럼 오랫동안 권위주의에 젖어 있었고, 위선과 기만과 사욕으로 가득 찬 리더들에게 시달려온 사회에서는 도덕성이 리더의 가장 중요한 요건이 된다. 도덕성 결핍은 우리나라의 정치적 병폐의 최대 원인이다. 이는 정치권만이 아니라 기업과 학계 등 모든 분야에 해당되는 얘기다.

일본 홋카이도에 있는 세계에서 가장 큰 곰 목장에 가본 적이 있다. 2백 마리가 넘는 곰들의 보스는 키가 2미터가 넘었다. 힘도 제일 셌다. 그렇다고 그 녀석이 쉽게 보스가 된 것은 아니라고 한다. 치열한 권력 투쟁에서 승리해 보스가 되었다는 것이다. 이 목장의 역사는 권력을 획득하는 것보다 유지하는 게 훨씬 더 어렵다는 사실을 보여준다.

초대 보스는 힘이 센 반면에 성미가 거칠어서 툭하면 싸웠다. 평지풍파도 잘 일으켰다. 결국 부하들이 따르지 않아 그의 정권은 오래가지 못했다. 2대와 3대에는 형제가 의좋게 대를 이어나갔다. 둘은 서로 힘을 합쳐 곰들을 통솔했다. 따라서 형제 곰은 절대적인 권력을 누릴 수 있었다. 형이 죽은 다음에는 동생이 보스 자리를 자연스레 이어나갔다. 4대 보스는 권모술수에 능했다. 그가 정권을 잡게 된 것도 그 결과였지만 너무도 음험해서 부하들이 믿고 따르지 않아 그의 정권은 오래갈 수가 없었다. 5대는 너무 착하기만 했다. 그게 탈이 되어 그를 만만히 본 부하들이 명령을 따르지 않아 1년을 채우지 못하고 보스 자리를 물려줘야 했다. 7대는 소심했다. 보스의 권위와 권력을 유지하는 데 너무 신경을 쓴 나머지 1년도 못 되어 신경쇠약에 걸린 끝에 병사했다. 9대는 보스 자리를 넘보는 동생과 싸우다 둘이 함께 쓰러져 죽었다. 10대는 쿠데타를 일으켜 정권을 잡았다. 그러나 음험하여 부하들을 믿지 못했고 싸움이 잦아서 전국시대와 같았다. 반대로 11대 보스는 매우 온후했지만 누군가 싸움을 걸어오면 이를 받아치는 데 주저하지 않는 실력파였다. 덕분에 그의 시대에는 평화가 오래 계속되었다.

가장 뛰어난 보스는 6대였다. 힘도 셌지만 머리도 좋고 심성도 착했다. 최고의 인격과 실력을 겸비한 보스로 부하들의 절대적 복종과 존경을 받으며 8년이나 군림할 수 있었다. 말년에는 체력도 크게 떨어지고 그보다 힘센 곰들도 많았지만 아무도 그의 권위에 도전하려 들지 않았다. 내가 갔을 때는 13대 보스의 시대가 막 열렸을 때였다. 리더로서 그 녀석을 어떻게 평가할지는 아직 알 수 없다고 목장 책임자가 말했다. 이와 같은 곰의 세계는 우리에게 많은 교훈을 준다.

리더의 자질이 무엇이며, 그중 어느 것이 더 중요한가는 사람들에 따라 또는 시대에 따라 조금씩 달라질 수 있다. 어느 분야의 리더인가에 따라 필요한 자질이 다를 수도 있다. 리더의 인품을 특히 중요시한 주자는 『근사록』에서 다음의 아홉 가지 덕목을 열거했다.

1. 관대하면서도 엄격하고 분명해야 한다.

2. 부드러우면서도 매듭짓는 게 분명해야 한다.

3. 꾸밈이 없으면서도 거칠거나 무뚝뚝하지 않고 공손해야 한다.

4. 일을 처리하는 능력이 있으면서도 조심스러워야 한다.

5. 점잖으면서도 속이 단단해야 한다. 곧 외유내강의 덕을 갖춰야 한다.

6. 정직하고 솔직하면서도 남의 결점을 들춰내지 않고 냉혹하지 않아야 한다.

7. 대범하면서도 요점을 잘 파악해야 한다.

8. 무슨 일에나 적극적으로 대처하면서도 속이 알차야 한다.

9. 용기와 신념을 가지고 행동하면서도 혈기에 넘쳐 만용을 부리지 않아야 한다.

오자는 리더의 자질로 다음의 네 가지를 들었다.

1. 위威: 위엄, 위신이 있어야 한다.

2. 덕德: 인격자이며 겸허하고 관용이 있고 신뢰할
   수 있어야 한다. 사람들이 '이 사람을 위해서라면'
   하는 마음을 갖게 해야 한다.
3. 인仁: 부하를 생각하는 마음이 있어야 한다. 상대
   방의 입장에 서서 생각할 줄 알아야 한다.
4. 용勇: 결단력이 있어야 하며 우유부단하거나 망설
   여서는 안 된다.

더불어 오자는 "장將은 이 네 가지 조건을 갖춰야 비
로소 사람들을 통솔하고, 인민을 안심시키고, 적을 위
압하고, 망설임 없이 결단을 내릴 수 있다. 그래야 비
로소 부하들이 명령을 어기지 않고, 적도 감히 덤벼들
지 않는다"고 했다. 오자가 '용'을 마지막에 둔 것은 리
더의 자격 중에서 '용'이 가장 비중이 작고, 품격이나
인격의 비중이 더 크다고 여겼기 때문이다. 오자는 이
어 다른 곳에서 '덕'을 다음의 네 가지로 설명했다.

1. 도道: 잔재주를 부리지 않고 대도大道를 따른다.
2. 의義: 대의명분을 지키고 손가락질 받는 일을 하

지 않으며 어디까지나 정도를 걷는 정치를 한다.

3. 예禮: 천박하게 일을 처리하지 않고 무슨 일이든 매듭을 분명히 짓는다.

4. 인仁: 제멋대로 일하지 않고 언제나 남의 입장을 이해한다.

여기서 조심해야 할 게 있다. 바로 어떤 덕목도 지나치면 안 된다는 것이다. 그 이유는 다음과 같다.

인仁이 지나치면 허약해진다.

의義가 지나치면 완고해진다.

예禮가 지나치면 아첨이 된다.

지智가 지나치면 거짓을 하게 된다.

신信이 지나치면 남에게 속는다.

관대함

리더는 사람을 다룬다. 사람은 사람답게 다뤄야 한다. 2차 대전 당시 미 육군 원수였던 오마 브래들리 장군은 다음과 같이 말했다.

"지휘관은 인간을 이해하고, 인간에게 자상한 마음씨를 가져야 한다. 인간은 로봇이 아닌 만큼 인간답게 다루어야 한다. 결코 엄하게 다루지 말라는 뜻이 아니다. 인간은 지성을 지닌 복잡한 존재이다. 이해하고, 자상한 마음씨를 보여주면 기꺼이 따른다. 그래야 지휘관은 모든 사람에게서 최대한의 노력을 끌어낼 수 있다. 또 그들의 충성심까지도 손에 넣을 수 있다."

전기 작가 B.H. 리들 하트에 의하면, 윌리엄 셔먼

장군은 '현대적 감각을 지닌 최초의 장군'이었다. 그는 찌는 듯한 더위에서 부하들을 보호하기 위해 행진은 불가피한 사정이 아니라면 주로 야간에 했다. 대열을 짜고 행진하는 부대 옆을 말을 타고 통과할 때는 병사들이 길 밖으로 떨어지는 일이 없도록 자신은 들판을 달렸다. 물론 그런 그도 부하들에게 가혹한 요구를 할 때가 있었다. 그러나 병사들은 그가 희생자를 많이 내지 않기 위해 그런 요구를 한다는 사실을 곧 알아차렸다. 그는 싸움터에서 언제나 병사들을 먼저 생각했다. 병사들은 자신의 생명을 지켜주는 그의 능력을 완전히 신뢰했다. 그들은 셔먼 장군을 위해서라면 언제든지 목숨을 걸고 싸울 수 있었다.

손자는 "장수는 지智, 신信, 인仁, 용勇, 엄嚴을 갖춰야 한다"고 말했다.

1. 지: 리더는 정확한 상황 판단을 할 수 있어야 하고, 제때에 올바르고 합리적인 결정을 내릴 수 있는 지혜와 지성이 있어야 한다.
2. 신: 리더는 부하와 신뢰를 주고받을 수 있어야 한다.

3. 인: 리더는 어질어야 하고 부하를 생각하는 마음이 있어야 한다. 덕망이 있어야 한다.

4. 용: 적을 만나면 과감하게 작전을 수행하고 물러섬 없이 힘써 싸울 수 있어야 한다.

5. 엄: 정에 이끌리거나 치우치지 않고, 질서 있게 명령과 지시에 따라 부하들을 복종시킬 수 있어야 한다.

한마디로 리더란 대인大人이라야 한다는 것이다. 대인이란 '덕德'이 '재才'보다 큰 사람, 소인은 '재'가 '덕'보다 큰 사람이다. 대인은 당연히 소인보다 큰 사람을 말한다. 그러나 대인 중에도 큰 대인이 있는 반면 작은 대인도 있다.

공자도 사람을 지자知者와 인자仁者로 나누었다. 지자는 눈치를 잘 보고 세상 물결을 잘 탄다. 마치 흐르는 물과 같다. 인자는 모든 일을 크게 생각하고, 먼 앞날을 바라본다. 마치 움직이지 않는 산과 같다. 한편 지자는 전술에 능하다. 반면에 인자는 잔 싸움 백 번을 번번이 지더라도 막판 결전에서 이기면 된다는 것을 알고 있다.

대인은 누가 뭐란다고 해서 가볍게 움직이지 않는다. 그러나 소인은 귀가 얇고 줏대가 없고 '경輕'하다. 자잘한 데 신경을 많이 쓰다 보니 지치기도 잘 한다. 『논어』에는 '지자는 즐겁게 살고, 인자는 오래 산다'라는 말이 나온다. 물론 지자도 그 나름대로 쓸모가 있다. 지자와 인자, 대인과 소인이 서로 얽혀서 세상이 움직이는 것이다. 대인이 있어야 비로소 소인도 있고, 소인이 있기 때문에 대인이 돋보인다.

대인이란 그릇이 큰 사람을 말한다. 그릇이 크다는 것은 그만큼 인간적인 매력이 있고 마음에 여유가 있다는 뜻이다.

『십팔사략』에 이런 얘기가 나온다. 진秦나라의 어느 왕실 목장에서 말 몇 마리가 도망쳤는데, 이웃 마을 농부들이 그 말들을 잡아먹었다. 관청에서 조사해보니 관련자가 3백 명이나 되었다. 관아에서는 이들을 모두 잡아 처형하려 했다. 그러나 보고를 받은 왕은 "좋은 말을 먹은 다음에 술을 마시지 않으면 몸에 해로우니라" 하면서 오히려 그들에게 술을 베풀고 풀어주었다. 가난해서 말을 잡아먹은 그들을 딱하게 여긴 것이다. 얼마 후 진나라는 진晉나라와 싸우다 포위되어 전멸할 위기에 몰렸는데, 어디선가 3백 명이 넘는 결사대가 나타나 왕을 구출했다. 그들은 바로 전에 말을 잡아먹은 농부들이었다.

리더가 포용력이 있고 인덕을 갖추고 있으면 아랫사람들이 마음 놓고 열심히 일할 수 있다. 그러나 리더가 아랫사람에게 관대하게 대하는 것은 자기가 옳은 길을 걷고 있다고 자신할 수 있을 때에 한한다. 만약 그렇지 않다면 부하들이 그를 넘보고 깔보고 잘 따르지 않을 것이다. 능력도 없고 자신감도 없는 상사가 관대하기만 하다면 조직은 엉망이 될 것이다.

어느 날 중궁이 공자에게 자상백자가 어떤 사람이냐고 물었다. 공자가 대답했다.

"그는 매우 관대하고 훌륭한 인물이다."

그러자 중궁이 반문했다.

"자신에게는 엄하고 남에게는 관대하다면 정치가로서 나무랄 데 없다 하겠습니다. 그렇지만 남에게 관대하고, 자신에게도 관대하다면 이것은 단순히 매듭이 없고 만사에 분명하지가 않다는 것이 아니겠습니까?"

그러자 공자는 고개를 끄떡이며 말했다.

"그렇다, 네 말이 옳다."

공자는 또 다른 자리에서 이런 설명을 덧붙였다.

"자기 자신에게 엄격하고 남에게는 관대하다면 대인 관계가 원만해질 것이다."

제갈공명은 리더의 '그릇'에 대해서 이렇게 말했다.

"통솔자의 기량에도 대소의 차이가 있다. 인간의 선악을 가려내고, 화근을 미리 알고 예방할 수 있으면 사람들이 잘 따른다. 이런 인물은 10인의 통솔자가 될 수 있다. 아침 일찍부터 밤늦게까지 열심히 일하고, 말마디마디에서 사람의 마음을 헤아리고, 다른 사람이 무엇을 바라는가를 알아내고, 신의가 두텁고 조신하다면, 이런 사람은 1백 인의 통솔자가 될 수 있다. 일을 처리할 때 강직하면서도 생각이 용의주도하고 용감히 잘 싸운다면, 이런 인물은 1천 인의 통솔자가 될 수 있다. 위엄이 있으면서도 마음속에 열의를 품고 있으며 사람들의 고생과 허기를 살핀다면, 이런 사람은 1만 인의 통솔자가 될 수 있다. 유능한 사람을 채용하고 매일 조심하고 성실, 관대하며 치난治亂에 휘말리지 않는다면, 이런 사람은 10만 인의 통솔자가 될 수 있다. 두루 아랫사람을 인자하게 다스리면, 그 신의에 이웃 나라까지도 심복한다. 천문·지리·인사에 능통하고 그 변화에 잘 적응하고 모든 일을 깊이 통찰하며 모든 사람을 한 가족처럼 여긴다면, 이런 사람은 천하의 통솔자가 될 수 있다."

리더는 용서할 줄도 알아야 한다. 처칠은 히틀러와 타협적이었던 체임벌린 수상을 맹렬히 비난했다. 체임벌린은 그런 처칠을 2차 대전이 일어날 때까지 집요하게 눌러왔다. 그뿐 아니라 그는 수상 자리에서 물러나게 됐을 때도 처칠이 수상이 되는 것을 누구보다도 싫어했다. 그러나 수상이 된 처칠은 온 국민이 지탄하는 체임벌린을 옹호했을 뿐만 아니라 자신의 전시 내각의 일원으로 만들었다. 일부 하원 의원들이 체임벌린에게 전쟁 발발의 책임을 묻는 청문회를 열자고 주장하자 처칠은 이를 강력하게 반대했다.

"만약 우리가 과거와 현재 사이에 싸움이 일어나게 한다면, 틀림없이 미래를 잃게 될 것이다."

좋은 머리보다는 판단력

막스 베버는 리더에게 다음과 같은 자질이 필요하다고 말했다.

1. 열정: 대의 및 그 대의를 명령하는 신 또는 악마에 대한 열정적인 헌신
2. 책임감: 권력을 추구하는 정치가의 열정을 통제하고 조절하는 능력
3. 균형감각: 내적 집중과 평정 속에서 현실을 관조할 수 있는 능력

그는 또 다른 곳에서 폭넓은 교양, 끊임없는 호기심,

부하나 조직에 대한 신뢰, 위험을 두려워하지 않는 적극성, 눈앞의 이익보다는 장기적 성장을 꾀하는 헌신적 자세, 고결한 품성 등을 강조하기도 했다.

이상하게도 머리가 좋은 것을 리더의 필요조건으로 여기는 사람은 드물다. 오르테가는 『대중의 반역』에서 이렇게 말하기도 했다.

"정치가 중에서, 이를테면 명석한 두뇌라고 말할 수 있는 인물은 고대사를 통틀어 두 명밖에 없었다. 곧 테미스토클레스와 카이사르뿐이다. 정치가들은 유명한 인물까지 포함해서 모두 우둔하기 때문에 정치가일 수 있었다."

정치가에게는 머리가 좋은 것이 가장 중요한 자질이 아닌 모양이다. 미국의 역사가들은 닉슨이 윌슨 이후로 가장 영리한 미국 대통령이고, 클린턴이 닉슨 이후로 가장 영리한 대통령이라고 평한다. 지능지수가 높다는 뜻이다. 클린턴이나 닉슨에 비하면 레이건은 지능지수도 낮고 교육 수준도 높지 않았다. 그러나 통치력이나 정치 실적은 둘을 능가했다.

그렇다면 대통령에게는 흔히 말하는 '머리가 좋다'

는 것이 불필요한 조건일까? 대단히 머리가 좋고 박식한 정치가였던 헨리 키신저는 리더십에는 뛰어난 지성이 필요하지 않다고 생각했다.

"지성은 권력을 행사하는 데 그리 중요하지 않으며 오히려 쓸모없는 경우가 많다. 리더가 지성을 필요로 하지 않는 것과 마찬가지로, 나와 같은 직업을 가진 사람도 그것을 그리 많이 필요로 하지 않는다."

이렇게 말할 당시 그는 닉슨 대통령의 국가 안보 관계 특별보좌관이었다.

미국의 역대 대통령 가운데 누구보다도 박식하고 학술적인 저작까지 낸 윌슨 대통령은 자신이 제창한 국제연합 제안을 국민이 납득할 수 있게 하고, 의회에서 통과시키는 일에 실패했다.

『위대한 대통령은 무엇이 다른가』를 쓴 프린스턴 대학교의 역사학자 프레드 그린슈타인에 의하면, 아이젠하워는 뛰어난 지성인이 아니었다. 그는 마치 정치에 관심이 없는 듯했지만, 사실은 여러 정책을 주도적으로 추진하고는 부하 직원들에게 공로를 돌리는 소위 막후정치를 펼쳤다. 한편 레이건은 논리적인 능력은 부족했지만 강한 확신과 유연성, 신속한 판단력을 가지고 있었고, 대인관계와 언어 그리고 몸동작의 전략적인 사용에는 천부적인 재능을 타고났다. 스스로 머리가 좋다고 생각하는 사람들은 자기가 얼마나 많이 알고 있는가를 과시하고 싶어 한다. 그리고 사람들에게 자기 장점을 보여줘야 한다고 생각한다. 클린턴과 카터는 그랬지만, 레이건은 그럴 필요가 없었다.

"높은 지능이 실제로 대통령에게는 핸디캡이 될 수도 있다. 좋은 대통령감이란 세상사와 일상생활에 밝고, 뛰어난 직관력을 가진 사람이다." 프랭클린 루스벨트가 바로 이런 인물이었다. 타인을 배려하고 공감하는 능력, 다양한 목소리에 귀 기울이는 소통 능력과 균형 감각을 갖춘 그는 흔히 지적 지능보다 감성 지능이 발달한 리더로 평가된다.

듀크 대학교의 교수였던 제임스 데이비드 바버는 이렇게 말했다.

"지식인은 복잡화하는 것이 지식이라고 생각한다. 그러나 때로 참다운 지식이란 단순함이며, 대통령과 국민의 의사소통이 가능하게 하는 것은 바로 이 단순함이다."

머리가 좋은 것보다는 어떤 상황이 닥쳤을 때 신속하고 정확하게 판단을 내리고, 필요한 조치를 취하는 것이 훨씬 중요하다. 린든 존슨 대통령이 말한 대로 "대통령의 가장 어려운 과제는 옳은 일을 하는 것이 아니라 무엇이 옳은가를 아는 것이다."

리더는 옳은 것을 옳다 하고, 그른 것을 그르다 할 수 있는 식견을 가지고 있어야 한다. 다시 말해서 이해와 득실을 초월해 무엇이 옳은 일이며, 무엇을 우선해서 처리해야 하는가를 판단할 줄 아는 판단력과 과단성이 있어야 한다.

2차 대전 때 독일의 암호 전보를 해독한 영국군은 어느 날 독일 공군의 공습을 미리 알아내고, 처칠에게 공습 예정지에 살고 있는 주민들에게 피난 명령을 내리도록 진언했다. 그러나 처칠은 아무 대답도 하지 않았다. 그가 듣지 못했다고 생각한 영국군 참모총장이 "각하, 피난 명령을 내리십시오"라고 재차 요청했다. 그러자 처칠은 "그냥 가만히 있어"라고 잘라 말했다.

주민들을 피난시키지 않은 상태에서 공습을 받는다

면 많은 주민이 희생될 것은 불 보듯 뻔한 일이었다. 평상시라면 처칠은 살인 방조 혐의로 처벌을 받아 마땅한 일이었다. 참모총장도 처칠의 비인도적이라 할 만한 냉혹함을 납득할 수 없었다. 한참 후에 처칠은 참모총장을 불러 이렇게 설명했다.

"이번 전쟁 최대의 작전인 노르망디 상륙 작전을 눈앞에 두고 있는데, 만약 주민들에게 피난 명령을 내린다면 독일은 우리가 암호 해독에 성공한 것을 알게 될 것이오. 그렇게 되면 노르망디 작전에 치명적인 영향을 미칠 것이오."

처칠이 이런 판단을 내릴 때 의지한 것은 머리만이 아니었다. 리더는 때로 대의를 위해 이런 비정한 판단도 내려야 한다. 이런 때 올바른 결정을 내릴 수 있느냐 없느냐는 그의 판단력에 달려 있다.

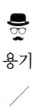

용기

리더는 일단 판단을 내리면 이를 실행하는 데 조금도 주저해서는 안 된다. 그러지 않으면 나중에 화를 입는다. 『사기』에도 '당연히 처단해야 할 것을 주저하여 처단하지 않으면, 훗날 그로 인해 화를 입게 된다'는 말이 나온다.

노나라의 대부 계문자는 언제나 세 번씩 신중하게 생각을 거듭한 다음에야 행동으로 옮겼다. 이 얘기를 듣고 공자는 "두 번만 생각하면 충분하다"고 말했다. 생각도 지나치면 오히려 우유부단해지기 쉽다는 뜻이었다. 언젠가 자로가 공자에게 물었다.

"배움을 얻으면 당장 실행에 옮겨야 합니까?"

공자가 대답하기를,

"부형父兄이 계시는 만큼 부형과 의논도 하지 않고 실행해서는 안 된다."

그러나 재유가 똑같은 질문을 했을 때 공자는 이렇게 일렀다.

"당장 실행으로 옮겨라."

이런 얘기를 듣고 또 다른 제자가 공자에게 물었다.

"자로에게는 부형과 의논한 다음에 실행에 옮기라 하시고, 재유에게는 당장 실행하라 하셨는데 어느 쪽이 옳은 것입니까?"

이에 공자가 대답했다.

"재유는 꾸물거리는 성향이 있다. 그래서 적극적으로 처신하라고 가르친 것이다. 한편 자로는 성급하게 남의 몫까지 맡아서 할 듯이 덤벼든다. 그래서 신중을 기하라고 이른 것이다."

우유부단하다는 것은 결단의 용기가 없다는 뜻이며, 무능하다는 얘기와 조금도 다름이 없다. 루이 15세가 왕위에 올랐을 때 너무나 유약해서 유능하고 식견이 넓은 오를레앙 공이 섭정을 하게 되었다. 그러나 그는 아무것도 하지 않았다. 당시 프랑스인들은 그를 이렇게 평했다.

"그에게는 모든 재능이 다 있지만 딱 한 가지, 그 많은 재능을 써 먹는 재능만 없다."

아무리 유능하고 박식하고 아이디어가 풍부해도 그것들을 실행에 옮기는 결단력이 없으면 소용이 없다. 처칠을 20세기의 가장 뛰어난 리더의 한 사람으로 만든 것은 그의 뛰어난 결단력이었다. 그 자신도 결단력 있는 리더들을 존경했다. 그러나 처칠이 즐겨 말하던 격언 중 하나는 "생각하라. 그런 다음 행동하라"였다.

2차 대전 때 런던이 매일같이 독일 공군의 폭격을 당하는 최악의 상황에 몰리자 왕족과 귀중한 문화재들을 캐나다로 옮기는 것이 어떻겠느냐는 의견이 나왔다. 처칠은 단호하게 이를 물리쳤다. 그렇게 하면 국민의 사기가 떨어진다는 것이었다. 결코 독일에게 굴복할 수 없다는 뜻이기도 했다.

처칠은 덮어놓고 행동하지는 않았다. "지나치게 예방하는 것은 지나치게 예방하지 않는 것보다 훨씬 낫다"는 처칠이 즐겨 쓰던 격언이었다. 그는 또 "행동의 결과에 대해 의심이 클 때는 행동하지 않는 편이 좋다"
고 말하기도 했다. 한마디로 그는 무모한 모험주의자
는 아니었다.

훌륭한 리더는 한번 결단을 내리고 나면, 자기 과업
과 목표에 전력투구한다. 그들은 예측할 수 있는 모든
가능성을 검토한 끝에 결단을 내린다. 따라서 실패하
는 경우를 생각하지 않는다. 그들은 실패라는 말조차
잘 쓰지 않는다. 그 대신 '과오', '잘못된 시작', '차질',
'시행착오' 같은 말을 즐겨 쓴다.

누군가 에디슨에게 당신은 몇 번이나 실패했느냐고
묻자 그는 "나는 실패한 것이 아니라 성공할 수 없는
몇 십 가지 방법을 발견했을 뿐이다"라고 대답했다. 리
더는 그만큼 자기 행동에 자신감을 가지고 있어야 한
다. 자신감도 없이 일을 시작해서는 안 된다.

2차 대전 때 미 육군은 61명의 심리학 전문가들에
게 '전투병의 심리'를 연구하게 했다. 이때의 설문 중
에 '어떤 자질을 가진 사람이 훌륭한 리더라고 생각합
니까?'라는 질문이 있었다. 그 가운데 하나가 한 번 결
단을 내린 다음에는 주저 없이 실행에 옮기는 용기였

다. 실패하거나 잘못되는 경우를 생각해서는 안 된다.

리더에게 필요한 용기 중에서 가장 중요한 것은 인간에 대한 용기다.

1. 부하를 신뢰하고, 부하에게 권한을 이양하고, 부하의 성장에 기대를 걸 줄 아는 용기
2. 붙임성이 없고 개성적이지만 좋은 아이디어를 가진 부하를 북돋워주는 용기
3. 부하에게서 비판을 받아도 차분히 앉아서 듣는 용기
4. 기분이 상하는 나쁜 정보에도 귀를 기울이는 용기
5. 안일하게 부하와 타협하지 않는 용기
6. 부하를 평가할 때 정실에 흐르지 않고 객관성과 공평성을 가질 수 있는 용기

여기에 또 하나를 더하자면 "정치가의 제일 조건은 국민 대중을 고무하는 용기"라는 처칠의 말이다. 처칠의 용기는 그의 낙관주의에 바탕을 두고 있었다.

"나는 세상이 날로 좋아지고 있다고 믿는 사람 중 하나다."

1차 대전 때 폭탄이 떨어지는 참호 속에서 처칠은 부하 장교들에게 이렇게 말했다.

"좀 웃어라. 그리고 부하들에게 웃음을 가르쳐라. …… 웃을 줄 모르면 빙글거리기라도 해라. 빙글거리지도 못하면 그럴 수 있을 때까지 옆에 물러나 있어라."

이렇게 결단력과 용기를 가지고 사람들을 이끌어가는 리더를 옛 중국 사람들은 '오골傲骨'이라 했다. 오골은 오만傲慢과는 다르다. 이는 어떤 것에도 굽히지 않는 투지와 자신감을 뜻한다. 다만 오골만으로는 오만하고 무례하게 보일 수도 있다. 사심 없이 냉정하고 침착하며 세심한 마음가짐이 따라야 한다.

경륜

    똑같은 자질을 가진 사람이라도 이를 잘 활용할 줄
알면 좋은 리더가 되고, 그렇지 못하면 나쁜 리더가 되
고 만다.

    좋게 보면 침착한 것도 나쁘게 보면 지적으로 소극
적이라는 평을 들을 수 있다.

    좋게 보면 직관적인 것도 나쁘게 보면 무분별하다
할 수 있다.

    좋게 보면 비전에 차 있는 것도 나쁘게 보면 현실의
골치 아픈 세세한 문제들을 망각하고 있다고 할 수 있다.

    좋게 보면 단호한 것도 나쁘게 보면 완고하다고 할

수 있다.

좋게 보면 낙관적인 것도 나쁘게 보면 현실과 동떨어진 채 복잡한 문제들과 씨름하기를 싫어한다고 말할 수 있다.

이처럼 좋게 보이는 것과 나쁘게 보이는 것은 때로는 종이 한 장 차이다. 리더의 인기나 업적에 따라 판단이 달라지기도 한다.

여기서 한 가지 짚고 넘어가야 할 문제가 있다. 바로 리더에게 경륜이 얼마나 중요한가 하는 문제다. 케네디가 43세에 대통령 후보가 되었을 때 상대는 노련한 닉슨이었다. 닉슨 측에서는 케네디가 애송이라며 공격했다. 이런 공격에 시달리던 케네디는 어느 연설에서 이렇게 반박했다.

"이번 주의 빅뉴스는 국제 문제가 아니라 야구왕 테드 윌리엄스가 42세의 나이로 은퇴를 결심했다는 소식입니다. 이는 경험만으로는 충분하지 않음을 입증하는 것입니다."

케네디는 또 자기가 닉슨보다 경험이 모자란다는 비

판을 이렇게 받아넘겼다.

"나는 30년 동안 은행장 자리에 있던 사람을 잘 알고 있습니다. 그가 있던 은행이 파산했을 때, 경험이라는 점에서 그는 매사추세츠 주의 어느 은행장보다도 탁월했습니다. 그러나 만약 내가 은행을 새로 차린다면 그를 은행장으로 쓸 생각은 조금도 없습니다."

경륜이 많다고 해서 훌륭한 리더가 될 수 있는 것은 아니다. 경험을 쌓는 것과 경험을 살리는 것은 전혀 다른 얘기다. 또한 경험도 경험 나름이다. 잘못된 경험은 아무리 쌓는다 해도 좋은 경륜이 되지 않는다.

리더와 말

'말'은 리더가 자신의 메시지를 전하는 가장 중요한 수단이다. 따라서 리더로서 말을 잘한다는 것은 그렇지 못한 것보다는 분명히 유리하다. 케네디나 애들레이 스티븐슨은 막상막하의 웅변가였다. 그러나 스티븐슨은 자신은 키케로 같고, 케네디는 데모스테네스 같다고 말했다.

"키케로가 연설을 끝내면 사람들은 '말 진짜 잘한다'라며 칭찬했다. 그러나 데모스테네스가 연설을 끝내면 사람들은 '우리 함께 행진하자'라고 말했다."

리더가 아무리 훌륭한 비전을 갖고 있다 해도 그것이 자기가 이끄는 사람들에게 제대로 전달되지 않거나, 사람들이 이를 자발적으로 따를 만큼 설득력이 없다면 참다운 리더십을 가졌다고 할 수 없다. 『리더와 리더십』의 저자 워렌 베니스가 휴스턴 심포니 오케스트라의 단원들에게 세르지우 코미시오나는 어떤 지휘자냐고 묻자, 한 사람이 '대단한 리더'라며 "그는 우리의 시간을 낭비하지 않는다"라고 대답했다. 코미시오나는 자기가 단원들에게 무엇을 바라는가를 명확히 알고 있었고, 또 이를 분명하게 전달했다. 이런 것이 바로 리더십이다.

리더십이란 리더와 구성원들의 상호 작용 속에서 나오는 것이다. 리더의 능력은 자신의 비전을 구성원들에게 효과적으로 전달할 수 있는가, 구성원들을 그가 설정한 목표 아래 결집시킬 수 있는가, 구성원들이 그의 아이디어를 받아들일 수 있는가에 달려 있다.

레이건 대통령은 추상적이며 까다로운 문제를 보통 사람들에게 알기 쉽게 풀어서 설명하는 재능이 있었다. 그는 대통령 취임 후 처음으로 한 예산안 교서에서 1조 달러를 엠파이어스테이트 빌딩에 비유하면서 설명했다. 반면 카터는 의사 전달 능력이 부족했다. 그는 윌슨 대통령 이후 가장 머리가 좋은 대통령이었지만, 자기 의도를 전달하는 데 매우 미숙했다. 카터 정부의 관료들은 그가 무엇을 바라는지를 알아내기 위해 애를 먹어야 했다. 정부 관료의 한 사람이 이렇게 한탄한 적이 있을 정도였다.

"그와 함께 일한다는 것은 태피스트리의 뒷면을 들여다보는 것과도 같이 애매모호하다."

말은 자기 자신과 남을 속이는 수단이 되기도 한다. 『논어』에 '훌륭한 말을 하는 사람이 반드시 훌륭한 인격의 소유자는 아니다'라는 말이 나온다. 훌륭한 사람은 훌륭한 말을 한다. 그러나 훌륭한 말을 한다고 훌륭한 사람이 되는 것은 아니며, 훌륭하지 못한 사람도 얼마든지 훌륭한 말을 할 수 있다. 때로는 조금도 훌륭하지 못한 사람이 제법 훌륭한 체하기 위해 그럴듯한 말을 하기도 한다. 이런 경우에는 '이처럼 훌륭한 말을 하니 나는 훌륭하다 하지 않을 수 없다'는 착각에 스스로 빠져들 수 있다. 남에게는 이래야 한다, 저러면 못쓴다고 이르면서 정작 본인은 자기 말을 따르지 않는 사람도 있다. 공자는 이를 경고한 것이다.

'화이부실華而不實'이라는 말도 있다. 한비자의 말이다. 겉보기에는 매우 그럴싸한데 속이 텅 비어 있다는 뜻이다. 『시경』에도 '도언공감盜言孔甘'이라는 말이 나온다. 못된 사람일수록 듣기 좋은 말을 잘한다는 뜻이다. 이 말 뒤에는 그런 말에 넘어가면 큰일 난다는 경고가 숨어 있다. 달콤한 말일수록 더욱 정신을 바짝 차리고 들으라는 것이다.

공자가 초나라 임금의 초대를 받은 자리에서 정치하는 요령이 무엇이냐는 질문을 받았다. 공자는 한 정치가의 예를 들었다. 그 정치가는 특별히 크게 소리 지르며 부하를 질타하지도 않고, 멋들어진 정치 연기를 하지도 않으면서 말없이 큰일을 해냈다. 훌륭한 정치가에게 필요한 것은 말도 아니고 연기도 아니다. 정치란 말로 하는 게 아니기 때문이다. 공자가 바람직하게 여긴 것은 말없이 실행하는 '불언실행不言實行'이었다.

대통령이 국민을 이끌고, 사장이 회사 직원들을 이끌어가는 데 필요한 것은 말이 아니다. 대통령이 말을 잘한다고 정치를 잘하는 것은 아니며, 사장이 말주변이 좋다고 해서 거래처나 비즈니스 파트너와의 상담을 성공적으로 이끌어가는 것도 아니다. 『논어』에는 '군자는 입이 무겁고 말주변이 없어도 옳은 것은 신속하게 실행해야 한다'는 뜻의 '눌언민행訥言敏行'이라는 말이 나온다. 의지가 굳고 꾸밈이 없으며 말이 없는 게 인仁에 가깝다는 뜻의 '강의목눌剛毅木訥'이라는 말도 나온다. 이렇게 옛 사람들은 리더가 말이 많은 것을 탐탁지 않게 여겼다.

그러나 오늘날은 자기선전과 설득의 시대다. 말이 없으면 정치가 되지 않는다. 때로는 광언기어狂言綺語, 그저 겉으로만 번드레한 말로 사람들을 현혹시키려는 정치인도 나타난다. 교언영색巧言令色, 즉 청산유수처럼 말을 잘하고 눈치를 살펴가며 이 경우엔 이렇게, 저 경우엔 저렇게 말하는 정치인도 우리 주변에는 흔하다. 또 선거철도 아닌데 뒷감당도 하지 못할 말들을 무책임하게 내뱉는 '방언고론放言高論'의 무리도 흔하다.

공자는 '문질빈빈文質彬彬'이라는 말도 썼다. 즉 정치에서는 겉으로 하는 말과 그 알맹이가 균형 있게 잘 어울려야 한다는 것이다. 속은 없이 겉치레 말이 승하면 속임수가 된다. 그렇다고 겉치레 말이 너무 후지면 촌스럽고 거칠어진다. 속이 알차면 숨기려 해도 은연중에 밖으로 나타난다. 공자는 이를 가장 바람직한 것으로 여겼다.

할 말이 많아도 말주변이 없어서 제대로 말을 못하는 사람이 있다. 반면에 할 말이 없어서 말을 못하는 경우도 있다. 어느 쪽에 속하는 리더인가는 자연스럽게 가려지게 마련이다. 리더가 말주변이 없는 것이 큰 허물은 아니다. 할 말이 없다는 게 치명적인 허물이다.

"연구실과 도서관에 불빛을 밝혀야 합니다. 대학이 개혁과 창조의 선두에 서야 합니다. 대학은 자율과 책임으로 활기차고 역동적인 지식의 산실이 되어야 합니다."

김영삼 대통령은 취임 초에 이렇게 격조 높은(?) 연설을 했다. 하지만 유감스럽게도 취임 1주년을 기념하는 기자회견에서는 문화와 교육에 대해 단 한마디의 언급도 없었다. 그와 관련해 한 일이 없으니 아마도 할 말이 없었을 것이다.

물론 리더에게는 설득력이 있어야 하며, 남을 설득할 때 중요한 것은 말이다. 처칠의 설득력은 그의 탁월한 웅변에 힘입은 바가 크다. 하지만 그의 말을 든든히 뒷받침해준 것은 논리와 업적이었다. 아무리 청산유수처럼 말주변이 좋아도, 혹은 당장은 감동을 주는 웅변을 했는지 몰라도 이를 뒷받침하는 실천이 없으면 듣는 사람에게 역겨움만 안겨줄 뿐이다. 『십팔사략』에도 "정치는 말로 하는 것이 아니라 능력껏 실행하는 것"이라고 쓰여 있다.

대단히 말주변이 좋았던 닉슨도 『20세기를 움직인 리더들』에서 "어떻게 말하느냐보다 무엇을 말하느냐가 더 중요하다. 혓바닥의 매끄러움과 사고의 깊이는 흔히 반비례한다"라고 말했다. 그럼에도 불구하고 우리는 곧잘 말 잘하는 리더에게 현혹되곤 한다.

『정관정요』에 이런 일화가 나온다. 수나라의 양제가 새로 지은 궁전을 처음으로 보러 갔다. 왕은 정원이 특히 마음에 들었는데 반딧불이 없는 게 흠이라고 생각했다. 그래서 "등불을 켜놓는 대신 개똥벌레를 좀 잡아다 연못에 풀어놓으면 운치가 나지 않겠느냐"고 의견을 말했다. 그것은 명령도 지시도 아니었다. 하지만 건설 책임자는 당장에 인부 수천 명을 동원해 개똥벌레를 잡게 하고, 마차 5백 대에 실어와 못에 풀었다. 당나라의 태종은 이 얘기를 신하들에게 들려주면서 다음과 같이 말했다.

"보통 사람도 상대방이 자기 비위에 거슬리는 말을 하면, 그걸 잊지 않고 있다가 언젠가 반드시 보복하는 법이다. 하물며 천하를 다스리는 군주가 신하와 얘기할 때는 사소한 실언도 해서는 안 된다. 그 영향은 엄청나기 때문이다."

모든 화근은 혀끝에 있다. 입에서 한 번 나온 말은 다시 입안에 돌려 넣지 못한다. 『신음어』에서 여곤은 이렇게 충고했다.

"마음에 울타리를 치고 입에는 문을 달아라. 울타리를 치면 속마음이 함부로 뛰쳐나오지 않을 것이며, 입에 문이 달려 있으면 쓸데없는 말이 빠져 나오지 않을 것이다. 말을 가볍게 생각하거나 경솔하게 해서는 안 된다."

캘빈 쿨리지는 대단히 과묵한 대통령이었다. 왜 말이 없느냐고 누군가가 묻자 그는 이렇게 대답했다.

"말하지 않은 것에 대해서는 해명할 필요가 없다는 교훈을 나는 일찍이 배웠다."

『역경』에서도 "훌륭한 사람일수록 말이 적고, 마음이 가벼운 사람일수록 말이 많다"라며 입조심을 당부하고 있다. 몽테스키외도 생각하지 않는 사람일수록 말이 많은 법이라고 말했다. 이제 침묵이 금이던 시대는 지났다고들 하지만, 그래도 말이 많으면 경박해 보이기 쉽다.

그러나 말을 해야 할 때는 해야 한다. 윌리엄 에드워드 노리스는 그럴 때 실수하지 않으려면 다음의 다섯 가지를 조심하라고 경고했다.

1. 누구에게 말하는가?
2. 누구에 대해서 말하는가?
3. 어떤 식으로 말하는가?
4. 언제 말하는가?
5. 어떤 장소에서 말하는가?

『삼국지』에서는 리더의 말하기에 대해 아래와 같이 말하고 있다.

1. 말수가 적으면 한 마디 한 마디가 무겁게 들리고 실수도 적다. 말이 많으면 경박하다는 이미지를 남기기 쉽다.

2. 부하를 다룰 때도 정중히 하고, 인격을 존중한다. 삼고의 예를 다한 유비는 제갈공명보다 나이가 20세나 위였다.

3. 리더가 자신의 감정을 너무 쉽게 얼굴에 드러내면 부하들이 그의 안색을 살피며 의견을 말하게 된다.

토끼가 짐승들 앞에서 평등한 권리를 주장하는 멋진 연설을 했다. 이것을 다 듣고 난 다음 사자가 이렇게 말했다.

"자네의 연설은 대단히 아름답고 감동적이지만 안타깝게도 사자의 발톱과 이가 빠져 있다."

아무리 이상이 높고 말이 멋져도 그것을 실행에 옮길 수 있는 능력이 없으면 아무 소용도 없다.

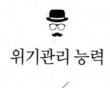

위기관리 능력

유능한 리더가 만전을 기해도 일이 엉뚱하게 잘못되는 경우가 있다. 뜻하지 않은 돌발 사고로 궁지에 몰릴 수도 있다.

"군자도 궁窮할 때가 있습니까?"라고 어느 제자가 공자에게 물은 적이 있다. 이때 공자는 "군자라 해도 궁할 때가 있다. 다만 군자는 궁해도 당황하지 않는다"라고 대답했다.

리더의 진가는 어려운 고비를 맞았을 때 드러난다. 뛰어난 리더는 당황하지 않고 자포자기에 빠지지도 않으며, 허둥대지 않고 침착하게 최선책을 강구하며 대처해나간다.

미국 대통령들은 위기를 맞았을 때 툭하면 별장이나 농장에 가서 휴가를 즐긴다. 자신이 조금의 흔들림도 없이 여유만만하다는 것을 보여줘 국민을 안심시키는 것이다. 또한 평정한 마음으로 중요한 결단을 내릴 수 있도록 충분히 휴식을 취하기 위한 것이기도 하다.

처칠은 울적할 때라든가 좌절감을 느낄 때 마음을 돌리기 위해 그림을 그렸다. 우울한 기분일 때 흔히 어두운 색깔을 쓰는 것과 달리 그는 언제나 밝은 색을 즐겨 썼다. 이는 그의 낙관주의와 위기를 극복할 수 있다는 자신감에서 나온 것이라고 심리학자들은 풀이한다.

어느 기자가 루스벨트에게 물었다.

"걱정스럽다든가 마음이 초초할 때는 어떻게 마음을 가라앉히십니까?"

"휘파람을 불지."

"그렇지만 대통령께서 휘파람 부는 것을 들었다는 사람이 없던데요."

"그야 그렇지. 아직 휘파람을 불어본 적이 없거든."

이처럼 늘 마음의 여유를 잃지 않는 통 큰 리더가 되려면 소어笑語(명랑하고 낙관적이며, 머리가 유연하고 유머 감각이 뛰어나다), **활달**齡達(도량이 크고 잔일에 구애받지 않는다), **청수**聽受(사람의 의견을 잘 듣는다) 등 세 가지 조건을 갖추어야 한다. 이는 손권의 형 손책에 대한『삼국지연의』의 평이다.

아무리 통이 크고 마음이 너그러운 사람일지라도 감정은 있다. 화를 내고 욕하고 싶을 때도 있고, 감정의 폭발을 억누르기 어려울 때도 있다. 이럴 때 중요한 것이 자제력이다. 다른 사람을 통치하는 이는 자기 자신의 주인이 되어야 한다. 흥분해서 냉정을 잃으면 리더로서는 실격이다. 대단히 원만한 성격의 아이젠하워도 누군가에게 화날 때가 있었다. 그럴 때는 쪽지에 그 사람의 이름을 적은 다음 그 쪽지를 책상 서랍에 넣고 잠갔다.

한번은 처칠이 의회에서 정치적 잘못을 저질렀다는 비난을 받았다. 남이 들어도 분노를 느낄 만큼 신랄하고 야비한 내용이었다. 이때 그는 프랑스 정치가 클레망소의 말을 인용하면서 다음과 같이 대답했다.

"나는 이 밖에도 많은 잘못을 저질렀지만 여러분은 그 대부분을 미처 듣지 못하셨을 것입니다."

레이건 대통령이 권총을 맞고 중상을 입었을 때였다. 병원에 실려 간 다음에도 그는 의식이 있었다. 수술대에는 의사들과 함께 젊은 간호사들이 둘러서 있었다. 그들을 보고 레이건은 살짝 윙크를 하면서 "낸시가 이것을 알고 있을까?"라고 농담을 했다. 당신들처럼 젊고 아름다운 여성들에게 이렇게 둘러싸여 있으면 마누라한테 혼날 텐데 하는 뜻이었다. 자기가 어느 정도 중상인지도 모르고, 또 총상으로 인해 고통이 심할 텐데도 이렇게 농담을 할 수 있었던 것은 그만큼 레이건의 그릇이 컸기 때문이다. 그가 병원에 있는 동안 했던 농담들은 언론에 그대로 보도되었으며, 이는 미국 국민을 안심시키기에 충분했다. 마침내 수술을 하는 날 외과 주치의가 말했다.

"각하, 제가 주치의입니다. 이제부터 수술에 들어갑니다."

그러자 레이건은 의사가 여러 명 있는 것을 보고 이렇게 물었다.

"당신들은 물론 모두가 공화당원이겠지요?"

당신들이 만약 정적인 민주당원이라면 자르지 않아

도 될 곳을 자르고 말 것이 아니겠느냐는 농담이었다. 그러자 주치의도 마찬가지로 "대통령 각하, 오늘은 우리 모두 공화당원입니다"라고 농담으로 받아넘겼다.

다급한 사태에 부딪쳤을 때 리더의 진가가 발휘된다. 다급한 때일수록 사람들은 리더에게 의지하려 한다. 만약 그럴 때 리더가 당황스러워한다면 사람들은 더욱 불안해할 것이다. 리더가 태연해야 사람들도 안심하고 동요하지 않는다. 리더의 통이 커야 아랫사람들이 그를 믿고 따를 수 있다.

사안이 진晉나라의 재상으로 있을 때, 북방의 부견이 대군을 이끌고 쳐들어왔다. 이를 맞아 싸우게 된 장군이 사안을 찾아와 대책을 물었다. 사안은 그에게 "아무 걱정 말고 싸워라"라고 말한 다음 시골 별장에 가서 소일했다. 이때 또 다른 장군이 찾아와 수도 방위를 위해 정예부대 3천 명을 파견해주겠다고 제안하자 "뜻은 고맙지만 조정에서는 이미 만전의 준비를 해놓았소. 그러니 여기 걱정은 말고 서방의 방위에 전념하시오"라고 말했다. 사안의 태연자약한 태도에 모두가 안심하고 방위에 전념했다. 이윽고 사안에게 전선에서 급한 전갈이 왔다. 때마침 사안은 손님과 바둑을 두고 있었다. 그는 서면을 훑어본 다음에 아무렇지도 않은 듯이 계속 바둑을 두었다. 손님이 "무슨 중요한 일이라도?"라고 묻자 사안은 "아니, 별것 아니고 그저 아군이 조무래기 무리를 물리쳤다는군"이라고 대답했다. 이윽고 바둑이 끝나고 손님이 일어섰다. 사안은 그를 정중히 전송한 다음 자기 방에 들어오자마자 기쁨에 어쩔 줄을 몰라 혼자 방 안을 껑충껑충 뛰며 춤을 추었다.

이렇듯 리더는 불안이나 공포에 사로잡혔을 때 이를 다른 사람들이 알아차리지 못하도록 자신의 감정을 통제할 수 있는 능력을 갖춰야 한다.

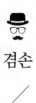

겸손

리더가 권력의 독기를 잘못 마시면 오만해지기 쉽다. 때로는 오만해야 리더로서 권위가 유지된다고 엉뚱한 착각을 하기도 한다. 시원찮은 리더일수록 공연히 오만상을 찌푸리며 무뚝뚝하게 대하기 일쑤다. 자장이 공자에게 물었다.

"정치가에게는 어떤 자격이 필요합니까?"

"다섯 가지 미美를 실행하고, 네 가지 악惡을 배제하는 것이 필요한 자격이다."

공자가 열거한 리더의 다섯 가지 품성 중에는 관록이 있으나 오만하지 않은 것, 지위의 높고 낮음이나 사람의 많고 적음에 관계없이 누구도 멸시하지 않는 것이 포함되어 있었다. 태연하면서도 오만하지 않은 것은 자신에 대한 믿음이 있기 때문이다. 공자는 또 위엄이 있으되 맹猛하지 않아야 한다고도 했다.

물론 지나친 겸손은 리더십을 제대로 발휘하지 못하게 만들기도 한다. 7세기 영국 데이라 왕국의 오스윈 왕은 친구인 아이단 주교에게 말을 한 마리 선물했다. 얼마 후 아이단은 길에서 거지를 만났다. 거지가 아이단에게 동냥을 하자, 아이단은 주저하지 않고 자기가 타고 있던 말을 내주었다. 왕이 이 얘기를 듣고는 주교를 나무랐다.

"이 마을 저 마을로 돌아다니는 데 필요할 것 같아 당신을 위해 특별히 좋은 말을 골라줬는데, 그렇게 경솔하게 거지에게 줄 수 있는가. 거지에게 줄 거라면 그에 어울리는 말이 얼마든지 많은데, 아깝다."

아이단은 왕에게 물었다.

"폐하께서는 그 망아지가 하나님의 아들보다 더 소중하다고 여기십니까?"

이 말을 듣고 왕은 잠시 머뭇거리더니 칼을 놓고 아이단의 발밑에 엎드려서 용서를 빌었다. 이에 감동한 아이단은 왕에게 어서 저녁 잔치에 가서 즐겁게 지내시라고 간청했다. 왕이 걸어 나가는 뒷모습을 바라보면서 아이단은 매우 우울해했다. 이를 옆에서 지켜보던 목사가 까닭을 묻자 아이단은 이렇게 대답했다.

"나는 왕이 오래 살지 못하실 것을 알고 있다. 나는 저분처럼 겸손한 왕을 본 적이 없다. 하나님은 그를 우리로부터 데려가실 것이다. 왜냐하면 우리에게는 그와 같이 어진 임금님을 모실 자격이 없기 때문이다."

과연 얼마 후에 왕은 불의의 죽음을 맞았다. 오스윈 왕은 안타깝게 죽었지만, 그가 보여준 겸손이라는 덕목은 리더에게 매우 중요하다. 리더가 독단에 치우치지 않고 권력을 남용하지 않게 하는 요긴한 방패이기 때문이다.

경건한 유대인 남자들은 오늘날에도 '키파'라는 작고 둥근 모자를 쓴다. 교회에 들어가서 기도할 때는 누구나 반드시 그 모자를 써야 한다. 왜 키파를 쓰느냐는 물음에 『탈무드』는 "인간에게 자기보다 높은 존재가 있다는 것을 늘 일깨우기 위해서다"라고 답한다.

1986년 일본 천황 부부가 노르웨이의 오슬로 공항

에 내렸을 때의 일이다. 갑자기 억수 같은 비가 쏟아졌다. 마중 나온 사람들 사이에서 하나둘씩 우산이 펼쳐졌다. 그러나 당시 83세의 노르웨이 국왕 울라프 5세는 측근이 펼쳐 드는 우산을 마다하고 그대로 비를 맞으면서 끄덕도 하지 않았다. 그러자 다른 사람들도 일제히 우산을 접었다. 노르웨이 국왕이 국민의 애정을 듬뿍 받은 데는 이와 같은 이유가 있었다. 만약 우리나라 대통령이 똑같은 상황에 처했다면 과연 어떻게 처신했을까? 사람들의 반응은 또 어땠을까? 이는 짐작하나마나일 것이다.

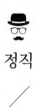

정직

1884년 미국에서 대통령 선거전이 한창일 때 공교
롭게도 민주당의 그로버 클리블랜드 후보에게 열 살짜
리 사생아가 있다는 충격적인 비밀이 드러났다. 선거
참모들은 그에게 이 사실을 강력히 부인하라고 권고했
다. '깨끗한 정치'를 선거공약으로 내걸었던 그에게 그
런 스캔들은 치명타가 될 거라고 믿었기 때문이다. 그
러나 클리블랜드는 이를 단호하게 거부했다. 그는 과
거에 버펄로에 사는 마리아라는 과부와 관계를 가진
적이 있으며, 그 사이에서 아들이 태어났다고 공개적
으로 시인했다. 그는 또 아이가 태어났을 때부터 지금
까지 계속 양육비를 보냈고, 아이의 어머니가 알코올

중독자가 된 후 아이를 보호하기 위해 법적 조치까지 취했노라고 숨김없이 털어놓았다.

공화당으로서는 이보다 더 좋은 공격거리가 없었다. 당장에 그들은 다음과 같은 슬로건을 겸한 노래를 만들어냈고, 그것은 전국에 퍼져 사람들의 입에 오르내렸다.

"엄마, 엄마, 아빠는 어디 있어? 백악관에 갔단다. 하하하."

그러나 많은 사람들의 예상을 뒤엎고 클리블랜드는 끝내 대통령에 당선되었다. 유권자들은 거짓말을 하지 않는 정직한 리더를 택한 것이다. 물론 대통령에게 사생아가 있다는 것은 청교도 정신이 강한 당시의 풍토에서는 용서하기 어려운 죄악이기는 했다. 그러나 사람들은 치명타가 될지도 모르는 잘못을 솔직하게 시인하는 용기를 리더의 값진 자질이라고 본 것이다. 그 뒤로도 클리블랜드는 '양심 있는 정치가'라는 소리를 들었고 나중에 재선까지 했다.

우리나라 사람들은 '차기 대통령이 갖춰야 할 자질이 무엇인가?' 하는 질문에 도덕성이나 정직성이라 답하는 비율이 매우 높다. 정직이 리더의 조건 중 으뜸이 될 수는 없다. 그런데도 많은 사람들이 정직을 가장 중요하게 여기는 것은 그동안 정직하지 못한 리더들에게 염증을 느껴왔기 때문이다. 우리는 정치 리더들이 뻔한 거짓말을 너무나도 쉽게, 자주 하는 모습을 보아왔다. 작은 거짓말은 큰 거짓말을 낳는다. 거짓말은 한 번 하기 시작하면 그것의 빈 구석을 채우기 위해 계속 보태나가야 한다. 그러다 보면 결국 자기가 파놓은 거짓말의 웅덩이에 빠지고 만다.

거짓말 중에는 필요한 것도 있다. 삶의 의욕을 잃은 환자에게 희망을 안겨주기 위해 의사가 하는 선의의 거짓말도 있다. 거짓말이란 어떤 의미에서는 모든 형태의 인간관계를 부드럽게 하는 불가결한 윤활유라고 말할 수도 있다. 문제는 그 동기에 있다. 또한 거짓말을 하는 사람의 성품에 달려 있다. 흔히 어떤 거짓말을 하는가를 보면 그 사람을 알 수 있다고 말한다.

정치 리더들은 정책적인 비판을 받을 때 거짓말을 하거나 거짓말에 가까운 변명을 하고 싶은 유혹을 느낀다. 평범한 리더들은 대개 그런 유혹에 빠지게 마련이다. 그러나 뛰어난 리더는 솔직하게 자기 잘못을 시인하고 구차한 변명을 하지 않는다. 이는 큰 용기가 필요한 일이다. 자기가 한 행위의 동기가 순수했음을 자신하기 때문에 가능한 일이기도 하다. 그런 리더는 어쩌다 비판을 받는다고 해서, 그리고 자신의 잘못을 시인한다고 해서 리더로서의 권위가 훼손되는 건 아니라고 여길 만큼 그릇이 크고, 무엇보다도 거짓말을 하지 못하는 품성을 가진 사람이다.

"언제나 국민에게 진실을 말해라. 처음에는 화를 내고 욕도 하겠지만, 숨기는 게 없다는 것을 알게 되면 국민은 그 리더를 더욱 신뢰하게 될 것이다."

이것이 처칠의 정치 철학이었다. 1942년에 처칠은 수상과 국방장관을 겸하고 있었다. 그가 추진하던 북아프리카 작전이 가장 어려운 고비를 맞았을 때, 그는 하원에서 불신임 동의를 받게 되었다. 이때 그는 90분간의 열변으로 비판자들을 침묵시켰다. 한 의원이 이른바 처칠 탱크라는 것에 대해 묻자, 그는 이렇게 답변했다.

"A22라는 이 탱크는 설계가 끝나자마자 생산에 들

143

어갔습니다. 우려했던 대로 많은 결함이 발견되었습니다. 그래서 탱크는 그에 어울리게 '처칠호'라고 이름이 바뀌었던 것입니다. 이제 그 결함들은 대부분 교정되었습니다. 나는 이 탱크가 끝내는 강력하고 당당하고 매우 유용한 무기가 될 것을 의심치 않습니다."

이렇게 농담을 섞어가며 자기 과오를 시인하자 의사당 안은 웃음바다가 되고 말았다. 그에 대한 불신임 동의안은 475 대 25표로 부결되었다. 처칠의 강점은 언제나 국민에게 솔직하다는 것이었다. 그는 정책이 난관에 부딪쳤을 때, 국민의 인심을 사기 위해 사실을 그럴싸하게 포장하려 하지 않고 솔직하게 모든 것을 털어놓았다. 그것은 "국민을 믿으라"는 아버지의 충고를 따른 것이기도 했다.

1981년에 교황 요한 바오로 2세가 미국을 방문했을 때 평소 그에게 비판적이던 한 기자가 이런 질문을 했다.

"교황청에서 엄청난 돈을 들여 교황님의 여름 별장에 수영장을 만들었다는데 그 이유를 설명하실 수 있습니까?"

그러자 교황은 보통의 정치인들처럼 건강상의 이유를 들거나 개인들의 기부금으로 만들었다는 등 구차한 변명을 늘어놓지 않고 다음과 같이 짤막하게 답했다.

"나는 수영을 좋아합니다. 다음 질문을 하시오."

리더의 정직이 지나치면 우직이 되고, 우직이 지나치면 옹고집이 될 수 있다. 정직은 리더를 초지일관 신념을 지키는 사람으로 보이게도 하지만, 때로는 자기 과오를 깨닫지 못하는 어리석음으로 보이게도 한다. 영국의 정치가 닐 키녹은 이렇게 말했다.

"민주주의 시대의 사람들은 '나는 항상 옳지는 않다. 나는 지혜에 대한 독점권을 가지고 있지 않다'라고 말할 줄 아는 리더를 존경한다."

끝까지 신념과 신조를 바꾸지 않고 일관되게 걸어가기 위해서는 대단한 용기가 필요하다. 그러나 자기가 옳다고 믿어왔던 신념을 바꾸는 데는 더 큰 용기가 필요하다. 처칠은 정당을 두 번이나 바꿨을 뿐 아니라 중요한 정치 문제에 대해서도 여러 차례 입장을 바꿨다. "나는 일관성보다는 옳은 쪽을 택하겠다"는 게 처칠의 철학이었다.

처칠이 때때로 여론의 비판과 빈축을 사면서까지 소신을 바꿨던 것은 새로운 정보를 잘 받아들였기 때문이다. 그는 자신의 판단 착오를 시인하는 데 조금도 인색하지 않았으며, 상황 변화에 적응할 수 있는 능력과 유연한 사고를 가지고 있었다. 그는 결코 고집쟁이가 아니었으며 소신을 굽히는 데 조금도 주저하지 않았다. 그가 뛰어난 리더가 될 수 있었던 것은 바로 이런 자질 때문이었다.

책략

정직이 리더가 가져야 할 절대적인 미덕은 아니다. 때로는 정당한 목적을 위해 거짓말을 하고 꾀도 부려야 한다. 탕은 한때 하나라의 걸왕을 모시고 있었다. 걸왕은 은나라의 주왕과 비교될 만큼 포악한 임금이었다. 백성들의 괴로움을 보다 못한 그는 걸왕을 치고 새로운 왕조를 일으켰다. 탕왕은 나중에 성군이라 칭송될 만큼 천하를 훌륭하게 다스렸다. 그러나 자기가 주군을 배반한 것은 어쩔 수 없는 사실이었다. 그는 이것이 몹시 마음에 걸렸다.

탕왕은 세상 사람들이 자기가 임금 자리를 탐내서 일을 저질렀다고 오해하지나 않을까 두려웠다. 나라를 바로잡기 위해 주군을 배반했다는 명분이 과연 세상에 얼마나 통할지 알 수 없었다. 그리하여 그는 먼저 무광에게 대권을 맡아달라고 제의했다. 이때 누가 퍼뜨렸는지, 탕왕이 주군을 죽인 죄를 무광에게 뒤집어씌우려고 책략을 썼다는 소문이 나돌았다. 이게 사실이라면 무광은 탕왕의 제의를 받아들일 수도, 받아들이지 않을 수도 없는 일이었다. 진퇴양난에 빠진 무광은 돌을 몸에 묶고 물에 빠져 죽었다. 그런데 알고 보니 그 소문은 탕왕 측에서 일부러 퍼뜨린 것이었다.

권모술수에는 올바른 권모가 있고, 사악한 권모가 있다. 양질의 권모가 있고, 음흉한 권모가 있다. 마키아벨리는 이렇게 말했다.

"군주로서 술책을 쓰지 않고 공명정대하게 산다는 것이 찬양받아 마땅한 일임은 누구나 다 아는 사실이다. 그러나 우리의 경험은 신의를 지키는 일에 별로 신경 쓰지 않은 군주가 위대한 사업을 더 많이 이룩했다는 것을 알려주고 있다."

마키아벨리에 의하면 군주는 사자와 여우의 성질을 아울러 갖추고 있어야 한다. 사자일 뿐이라면 함정을 빠져나가기 어려우며, 여우일 뿐이라면 늑대로부터 몸을 보호하지 못한다. 사자이되 여우의 성질은 교묘히 위장된 채 발휘되어야 한다. "만약 위대한 일을 하고 싶다면 사람을 농락하는 기술, 곧 권모술수를 배울 필요가 있다"는 것이 마키아벨리의 주장이었다.

공자도 거짓말을 할 때가 있었다. 유랑하던 공자 일행이 노자가 떨어져 끼니를 굶게 되었다. 어느 마을에 이르러 공자는 제자 한 사람에게 음식점에 가서 찬밥이라도 한 그릇 얻어 오라고 일렀다. 음식점 주인은 제자에게 자기가 쓰는 글을 알아맞힌다면 공짜로 음식을 주겠다고 말했다. 제자가 "나는 대학자의 손꼽히는 제자입니다. 제가 모르는 글자는 없습니다"라고 말하자, 주인은 '眞'이라는 글자를 써 보였다. 제자가 '진'이라고 대답하자 주인은 "너는 무식한 바보, 엉터리 식자다"라고 호통 치며 그를 내쫓았다. 빈손으로 돌아온 제자에게서 자초지종을 듣고 이번에는 공자가 직접 그 음식점에 가보기로 했다. 음식점 주인은 공자에게 똑같이 '眞' 자를 써 보이며 읽으라고 했다. 공자는 주저하지 않고, "이 자는 직팔直八이라고 읽는다"라고 대답했다. 그러자 주인은 "당신이야말로 훌륭한 선생님"이라며 공자 일행에게 한 상을 잘 차려주었다. 제자는 공자에게 귀엣말로 물었다.

"선생님, 왜 '진'이 '직팔'이 되는 것입니까?"

공자의 대답은 이랬다.

"지금은 '진'이 통할 때가 아니다. 진실대로 산다면 굶어 죽기 딱 알맞다."

중국 작가 귀모뤄의 실록 소설 『공자』에 나오는 얘기다.

청렴

프랑스 사람들은 가난한 철도 직원의 아들로 태어난 미테랑 대통령을 '프랑스 풍경'의 일부와 같다고 여겼다. 그만큼 그는 프랑스 사람들의 마음속 깊은 곳에 자리 잡고 있었다. 이는 그가 14년 동안이나 대통령 자리에 있었기 때문만은 아니다. 그는 퇴임하기 1년 전인 1995년에 이렇게 말했다.

"사람을 바꾼다는 것은 좋은 일이다. 지금 15세에서 20세까지의 청소년들은 대통령이라면 나밖에 모른다. 내가 그들이라도 싫증날 것이다."

대통령으로서 미테랑의 능력에 대한 평가는 그리 좋은 편이 못 된다. 그는 "부정부패는 25년 동안 계속된

기득권 세력의 책임"이라고 말했지만, 그가 퇴임하기 전 몇 해 동안 정부 안에서 부정부패 사건이 꼬리를 물고 터져 나왔다. 실업자 수도 330만 명으로 나날이 늘어나기만 했다. 그래도 프랑스 국민은 그를 존경했다. 그가 청렴결백하고 성실한 인물이라는 걸 알고 있었기 때문이다. 그는 암에 걸린 사실을 숨기고 유럽 통합을 위해 세 시간이나 텔레비전 토론에 참가했다. 그리고 2주일 후에 암 수술을 받았다. 그는 대통령 관저를 공식 행사 때만 쓰고 잠은 늘 자기 집에 가서 잘 만큼 공과 사를 분명히 가렸다.

미테랑이 무엇보다 공을 들인 일은 권력의 분산이었다. '모든 권력에는 그에 대항하는 세력이 필요하다'는 것이 그의 신념이었다. 그에게 스무 살 난 사생아가 있다고 「파리마치」가 폭로했을 때도 그는 단 한 마디의 변명도 하지 않았다. 그가 사라예보에 갔을 때 공항에 박격포탄이 떨어졌다. 그는 자기가 입으려던 방탄조끼를 AFP 통신의 여성 기자에게 대신 입으라고 주었다. 그러자 그녀는 "저는 대통령의 등 뒤에 숨겠습니다"라며 사양했다.

이것이 민주주의의 참모습이다. 우리나라의 리더들은 속은 권위주의로 똘똘 뭉쳐 있으면서 입으로만 민주주의를 내세운다. 미테랑은 퇴임을 앞두고 이렇게 말했다.

"나의 가장 큰 관심거리는 오늘의 사람들의 의견이 아니라 내일의 역사학자들의 평가다."

"미래를 생각하는 인간에겐 언제까지나 미래가 있다."

과거의 훌륭한 리더들은 사심私心과 사심邪心 없이 일하고, 공과 사를 가렸다. 장제스는 죽는 날까지 반세기가 넘도록 타이완의 절대적 권력자였다. 그의 아들 장징궈도 아버지가 물려준 권력을 10년 이상 누렸다. 그러나 그가 아버지에게서 물려받은 유산은 아무것도 없었다. 그 자신도 은행 예금조차 남기지 않고 죽었다. 이 때문에 생계가 어려운 그의 미망인에게 정부가 생활 보조를 위한 특별 조위금을 주기도 했다.

프랭클린 루스벨트 대통령에게도 비슷한 이야기가 있다. 그는 미국 역사상 유례없이 세 번이나 대통령 노릇을 했다. 그러나 그가 죽은 다음에 그의 아들은 아버지의 유품은 물론 어머니의 장서까지도 경매에 부쳐야 했다. 루스벨트가家의 여름 별장도 유지하기가 어려워 내놓아야 했다. 토머스 제퍼슨은 원래 부자였지만, 버지니아 대학을 창설하는 데 사재를 쏟아 부어 말년에는 매우 궁하게 지냈다. 율리시스 그랜트 대통령도 취임 당시보다 더 가난해져서 퇴임했다. 어찌나 가난했던지 그의 가족은 끼니를 걱정해야 할 정도였다.

물론 우리가 여기서 주목해야 할 것은 청빈淸貧(성품이 욕심 없고 깨끗하기 때문에 가난한 것)이지 적빈赤貧(성품이나 뜻한 바와 상관없이 몹시 가난한 것)은 아니다. 가난하다고 해서 다 미덕이 되는 것은 아니다. 진晉나라 어느 장관의 집은 찾아오는 사람도 드물고, 집 안팎으로 잡초가 우거질 정도로 초라했다. 식사도 반찬이 한 가지뿐이었다. 여자들도 비단을 몸에 걸치는 일이 없었으며, 외출할 때도 마차를 타지 않았다. 이 얘기를 듣고 탄복한 숙향이 친구에게 그 장관을 극구 칭찬했다. 얘기를 다 듣고 난 다음 친구는 오히려 그 장관을 매섭게 비난했다. 장관은 겉으로만 강직하고 검소한 체하는 위선자라고 했다. 충분히 잘살 수 있는 사람이 못사는 체한다는 것이었다. 『한비자』에 나오는 얘기다. 한비자

가 바라는 것은 청관清官이었다. 중국의 석학 스쑤위안
史蘇苑은 청관의 조건을 다음과 같이 들었다.

1. 청빈을 즐기며 민중을 착취하지 않는다.

2. 법을 지키고 공정하게 적용한다.

3. 늘 진실만을 직언한다.

4. 강직하고 어디까지나 정도를 지킨다.

5. 뇌물을 받지 않고 사私에 흐르지 않는다.

6. 민생의 안정만을 도모한다.

이런 조건을 두루 갖춘 정치가로서 그는 원나라의
장양호를 들었다. 감찰과 내무 장관까지 두루 거쳤지
만, 그의 집에는 값나가는 게 하나도 없었다. 현대의
정치가 중에서는 드골처럼 깨끗했던 사람도 드물다.
그는 죽기 전에 다음과 같은 유서를 남겼다.

"나의 장의는 (나의 시골집이 있는) 콜롱베 레 되제글리
즈에서 치렀으면 좋겠다. 다른 곳에서 죽을 경우에는
어떠한 공식 행사도 하지 않고, 시체를 우리 집으로 옮
겨주기 바란다. 장의는 지극히 조촐하게 가족들만으로

치렀으면 한다. 국장國葬은 필요치 않다. 나의 무덤은 딸 안이 잠들어 있으며 언젠가 아내도 잠들 장소로 한다. 묘비에는 '샤를 드골 1890~' 이라고만 적는다. 그 외에는 아무것도 적어서는 안 된다. …… 나는 국내외를 막론하고 어떠한 표창과 훈장도 거부할 것을 선언한다. 만약 그런 것이 나에게 수여된다면 나의 유지遺志에 어긋나는 것이다."

그뿐이 아니었다. 그는 생전에 이미 전직 수상, 전직 대통령으로서 마땅히 받을 수 있는 연금조차 사양했다. 그리고 자신의 모든 저작에서 나오는 인세도 죽은 딸을 기념해서 만든 '안-드골 기금'이라는 지체 부자유 아동을 위한 자선 단체에 전액 기부했다. 또 대통령 자리에서 물러나자마자 일체의 공직을 거부하고, 시골에 가서 조용히 은퇴 생활을 했다.

카터는 뛰어난 대통령이라는 소리는 끝내 듣지 못했다. 그러나 그는 퇴임한 후에도 국민의 존경을 받았다. 그가 일관되게 청렴결백했기 때문이다.

"리더 자신이 올바르게 처신한다면 굳이 명령을 내리지 않아도 사람들이 움직인다. 거꾸로 자기가 올바르지 않다면 아무리 엄한 명령을 내린다 해도 사람들이 움직이지 않는다."

공자의 말이다. 그는 또 "자기 행실만 올바르다면 얼마든지 훌륭하게 정치를 맡아 할 수 있다. 그러나 자기 행위가 잘못되었으면서 사람들을 지도한다는 것은 터무니없는 일이다"라고 말했다. 이런 공자의 말을 빌리지 않더라도, 자신은 권력을 이용해 사리사욕을 채우고 탈세를 일삼는다거나 자기 가족의 부정에는 눈을 감으면서 다른 사람들에게 깨끗하게 처신하라고 한다면 전혀 설득력이 없을 것이다.

자기 평가

훌륭한 리더는 자기의 결점이 무엇인지 알고 있어야 한다. 좀 더 욕심을 내서 말한다면, 자기가 어떻게 평가받고 있는가를 늘 파악하고 있어야 한다. 그리스 신화에 나오는 헤르메스는 자기가 대단한 존재라고 생각했다. 그러면서도 자기가 인간 세계에서는 얼마나 존경받고 있는지 늘 궁금해했다.

어느 날 그는 인간으로 변해서 어느 조각가의 집을 찾아갔다. 거기서 제우스의 동상을 보고 값이 얼마냐고 물었다. 조각가는 100만 원이라고 대답했다. 헤르메스는 헤라 여신은 얼마냐고 물었다. 조각가는 150만 원쯤은 받아야겠다고 대답했다. 이윽고 헤르메스는 자신의 모습을 만들어놓은 조각을 보고 저것은 얼마냐고 물었다. 자기는 천신天神의 사자인 데다가 능력도 뛰어나니 값이 제일 비쌀 거라고 예상했다. 그러나 조각가는 뜻밖에도 다음과 같이 말했다.

"저것은 다른 동상을 사신다면 그냥 드리겠습니다."

이렇게 자기가 세상에서 어떻게 평가되고 있는지를 제대로 알기란 어려운 일이다. 그래서 대통령 선거철만 되면 저마다 잘난 체를 하며 출마하려 든다. 엉뚱한 사람이 출마하기도 하고, 물거품과도 같은 인기만 믿고 자기가 그만한 역량이 있는 것처럼 착각하기도 한다.

아무리 뛰어난 자질의 소유자라 해도 리더의 자리에 오른 다음에는 꾸준히 리더십의 품질을 관리해야 한다. 그래야 훌륭한 리더로서 존경과 지지를 지속적으로 얻을 수 있으며 강력한 리더십을 발휘할 수 있다. 리더는 계속 공부하고 노력해야 한다. 안락의자에 앉아서 파티나 즐기고 있어서는 안 된다. 항상 전진하지 않으면 리더 자리에 머무를 수 없다. 리더십의 성장에는 끝이 없다. 성장이 멈출 때 그 리더는 끝장나는 것이다. 그러나 우리나라의 리더들은 대부분 리더 자리에 오르기가 바쁘게 책에서 손을 뗀다. 물론 리더 자리에 오르기 전에도 책을 보는 경우는 드물다. 이것은 정치계에만 국한된 얘기가 아니다.

러시아의 첼리스트 피아티고르스키가 처음 연주회를 열었을 때의 일이다. 연주를 시작하려는데 청중석 제일 앞줄에 당대의 제일가는 첼리스트인 파블로 카잘스가 앉아 있는 모습이 보였다. 순간 그는 마음의 평정을 잃고 말았다. 연주는 그가 생각하기에도 엉망이었다. 그러나 연주가 끝나자마자 뜻밖에도 카잘스가 일어나 열렬한 박수를 보냈다. 단순한 인사치레라고 보기에는 너무나도 열띤 것이었다. 피아티고르스키는 이것을 두고두고 의아하게 생각했다. 여러 해가 지나 그는 세계적인 연주자가 되어 카잘스와 대화를 나누게 되었다. 그는 카잘스에게 오랫동안 수수께끼로 여겨오던 것을 조심스레 물었다.

"선생님은 제가 첫 연주회를 열었을 때 연주가 엉망이었는데도 박수를 쳐주셨습니다. 그 까닭이 무엇이었습니까?"

카잘스는 그 자리에서 첼로를 손에 들고는 "그때 자

네는 왼손으로 첼로를 이렇게 들고 오른손의 활을 이렇게 놀리며 이 곡의 이 소절을 이렇게 켰네"라고 말하면서 소리를 냈다.

"그때 그 음은 내가 오랫동안 찾고 있던 것이라 얼마나 감동스러웠는지 모른다네. 나는 그 음을 내는 방법을 자네로부터 배운 것이지. 설사 그때 자네가 낸 백가지 음이 나빴다 해도 그중 한 음만이라도 내가 배울수 있다면 자네는 나의 선생이 되는 걸세. 나는 나를 가르쳐주는 선생에게는 언제나 감사의 뜻으로 아낌없이 박수를 보낸다네."

당시 카잘스는 그를 능가할 첼리스트는 앞으로도 결코 나오지 않을 거라는 평을 들을 만큼 최고의 위치에 있었다. 아무리 피아티고르스키가 신동이었다 해도 카잘스와는 도저히 비교가 되지 않았다. 그런데도 카잘스는 그런 애송이에게까지 배울 게 있다고 여겼던 것이다.

리더가 자신의 힘을 인식하고 약점을 보완하는 것은 자기 능력에 대한 자신감을 획득하는 첫걸음이다. 그러기 위해서는 우선 자신의 결점이 무엇이고, 능력의 한계가 어디까지인지를 스스로 확인해야 한다.

포드 대통령은 취임 후 첫 연설에서 "나는 포드이지 링컨이 아니다"라고 말해 국민을 웃겼다. 링컨과 같은 고급 승용차가 아니라 포드와 같은 대중 차라는 뜻이었다. 그는 링컨처럼 위대한 대통령 노릇은 하지 못했지만 끝까지 국민들의 신뢰를 받았다. 그는 뱁새가 황새 노릇을 해서는 안 된다는 것을 잘 알고 있었다. 보통 사람이 영웅호걸 흉내를 낸다고 해서 그렇게 되는 것은 아니다. 그릇이 작은 리더가 그릇이 큰 줄로 착각하면 물만 넘쳐흐르게 된다.

창업자인 아버지의 뒤를 이어 대기업 회장 자리에 오른 2세들이 흔히 저지르는 잘못은, 자기가 아버지만큼 능력이 있다고 착각하거나 아버지에 못지않다는 것을 남들에게 보여주기 위해 뒷감당도 못 할 만큼 무모하게 사업을 확장하는 것이다.

운

흔히 난세에 영웅이 나타난다고 말한다. 바꿔 말하면 아무리 뛰어난 리더라 해도 세월을 잘못 만나면 빛을 보지 못한다는 뜻이다. 이를 또 달리 말한다면 뛰어난 리더는 시류를 잘 탈 줄 알아야 한다는 뜻이기도 하다. 따라서 리더에게 중요한 것은 자기가 살고 있는 시대에 대한 투철한 인식이다.

"큰일을 하려는 사람은 자기가 살고 있는 시대와 자기가 그 속에서 일해야 하는 상황을 숙지하고 그에 맞춰 나가도록 해야 한다. ……운이 좋고 나쁘고는 시대에 맞춰서 행동할 수 있느냐 없느냐에 달려 있다."

마키아벨리의 말이다. 아무리 개인적인 역량이 뛰

어나도 그의 (통치) 방식이 시세時勢, 즉 시대성과 맞지 않으면 실각하게 된다.『손자병법』에서도 싸움에 능한 자는 개인의 능력을 말하기에 앞서 세勢의 힘을 중요시하고, 세에 의하여 전체를 움직이게 한다고 말한다. 포괄적으로 말한다면 리더는 단순히 시류를 타는 게 아니라 세론世論을 일으키고, 시류를 만들어 여기에 대중을 태워 이끈다. 한비자는 이를 이렇게 표현했다.

"나무를 흔들어 움직이고자 할 때 가지나 나뭇잎을 하나하나 끌어당기면 힘만 들 뿐 효과가 없다. 줄기를 흔들어 움직인다면 가지와 잎은 저절로 따라서 움직이게 마련이다."

『군주론』에서 마키아벨리는 리더의 절대 조건으로 다음의 세 가지를 들었다.

1. 힘, 재능, 기량
2. 운, 재수
3. 시대의 요구에 합치하는 것, 시대성

한마디로 아무리 훌륭한 리더라 해도 운이 따르지

않으면 진가를 발휘할 수 없다. 다른 한편으로 찾아온 운을 기회로 살리는 능력도 있어야 한다. 창업創業에 어울리는 리더는 창업이 용이한 시기 혹은 창업을 도와줄 수 있는 사람이나 상황을 만나야겠고, 수성守成에 어울리는 리더는 변화보다는 안정을 지향할 수 있는 시기를 만나야 리더십을 제대로 발휘할 수 있다.

세종대왕은 많은 업적을 남겼지만 그가 난세에도 훌륭히 왕 노릇을 할 수 있었을까? 링컨도 남북전쟁이 없었다면 역사에 남는 리더가 되지 못했을 것이다. 물론 아무리 운을 잘 만났다 해도 이를 활용하지 못하면 그만이다.

"빛나는 명성을 얻은 리더들의 행동을 자세히 검토해보면, 그들이 운명으로부터 받은 것이라고는 기회밖에 없었음을 알게 될 것이다. 기회라는 것도 재료로 제공되었을 뿐이며, 그 재료를 그들은 자기 생각에 따라 요리했던 것이다."

마키아벨리의 『군주론』에 나오는 말이다. 리더가 충분히 역량을 발휘하려면 좋은 기회를 만나야 하는 것이 사실이지만, 그 기회를 활용할 만한 역량이 없으면 아무리 좋은 기회도 호기가 될 수 없다. 똑같은 기회를 만난다 해도 역량이 없는 리더는 기회를 살리지 못한다. 마키아벨리는 "역량이 부족한 사람에게는 운명의 힘이 보다 강하게 작용한다"고 말했다. 능력이 없으면 운명이 이끄는 대로 흘러가게 마련이다. 그러고는 자기가 성공하지 못한 것을 자신의 능력 부족으로 여기지 않고 운에 돌린다. 참다운 리더에게 '운이 나빠서……' 하는 식의 자기변명은 있을 수 없다.

현실 감각

리더가 기회를 잡고 운명을 개척해나갈 때 중요한 것은 인심의 소재와 시류를 파악하는 것이다. 프랑스의 역사가 조르주 르페브르가 프랑스 대혁명을 이끈 리더들을 연구한 끝에 내린 결론은 어떤 리더든 한 꺼풀 벗기면 우리와 다름없는 인간이라는 것이었다.

그렇다면 무엇이 리더를 리더답게 만들어주는가? 르페브르가 보기에는 이렇다. 리더의 명령이나 호소가 집단 심성과 일치할 때 비로소 민중은 그의 말을 따른다. 집단 심성이야말로 그에게 권위를 부여하고 그를 리더답게 만든다. 집단 심성을 바꿔 말하면 여론, 또는 우리가 흔히 말하는 국민 정서라고 할 수도 있고 대중의 원망이라고 풀이할 수도 있다.

처칠은 수상 시절에 매일 아침을 먹으면서 적어도 아홉 개의 일간지를 읽는 일을 빠뜨리지 않았다. 그는 공보 비서가 오려 붙이거나 간략하게 요점만을 추려서 올려 보내는 기사들은 거들떠보지도 않았다. 리더는 항상 뒤를 돌아보면서 부하들이 자기를 따라오고 있는가를 살펴야 한다. 만약 자기 뒤에 사람들이 없다면 그는 리더 자격을 상실한 것이다. 그렇다고 리더가 인기만을 위해 대중과 밀착되어 있거나 대중을 뒤따라가서도 안 되며, 반대로 너무 앞질러 나가 대중과 떨어져 있어서도 안 된다. 언젠가 처칠은 의회에서 어느 의원에게 여론을 무시한다는 비난을 받았다. 그러자 그는 다음과 같이 답변했다.

"리더는 귀를 땅에 붙이고 있어야 한다고들 말한다. 그러나 그런 보기 좋지 않은 자세를 취하고 있는 리더를 국민이 존경하기는 어려울 것이다."

어떤 동물학자의 원숭이 관찰기에 이런 얘기가 나온다. 원숭이 동산에 젊고 아름다운 암컷 원숭이가 새로 들어왔다. 먼저 작은 우리에 넣고 보스 원숭이와 선을 보게 했다. 첫눈에 반한 보스 원숭이는 새 신부를 애지중지했다. 그래서 사육사는 별 탈 없으려니 생각하고 암컷 원숭이를 다른 원숭이들이 살고 있는 큰 우리로 옮겨놓았다. 그러자 뜻하지 않은 일이 일어났다. 보스의 새색시는 선배 격인 보스의 다른 부인들에게 미움을 받고 쫓겨 다니는 신세가 되었다. 더욱 놀라운 것은 보스 원숭이의 태도였다. 보스 원숭이는 처음에는 우두커니 서서 방관만 하더니, 갑자기 무슨 생각이 났는지 다른 원숭이들 앞에 나서서 새색시를 물어뜯는 게 아닌가. 새색시를 보호하기는커녕 오히려 배척에 앞장선 것이다. 물론 새색시가 싫어진 건 아니었다. 다만 다른 원숭이들, 특히 다른 부인들의 여론을 더 존중했던 것이다.

보스 원숭이는 여론을 무시할 수도 있었을 것이다. 그러나 그럴 경우 보스로서의 권위를 잃어 다른 원숭이들을 통솔할 수 없었을 것이다. 여론을 따르기로 결정한 이상 지체 없이 실행에 옮겨야 했다. 부인들끼리의 질투 싸움이 얼마나 크게 번질지 몰랐기 때문이다. 자칫하면 새색시의 목숨마저 위태로워진다. 기왕 여론을 받아들이기로 했다면, 여론의 앞에 서야 보스의 체면이 선다. 보스 원숭이는 몇 분 사이에 이런 계산을 해낸 것이다. 그러므로 리더에게 필요한 것은 다음과 같은 위기관리 능력이다.

1. 정확한 정보에 의한 확실한 판단
2. 위기에 흔들리지 않는 냉정하고 침착한 태도
3. 임기응변의 대응책

이런 위기관리 능력은 오로지 투철한 현실 감각에서 나온다. 현실 감각이 둔한 무능한 리더는 위기가 발밑까지 닥쳐와도 미처 깨닫지 못한다.

3장

함정에 빠진 리더

인기라는 신기루

훌륭한 리더가 인기를 누리는 것은 당연한 일이다. 그러나 인기가 많다고 해서 꼭 훌륭한 리더는 아니다. 역사학자 아서 슐레진저가 언젠가 「뉴욕 타임스 매거진」에서 소개한 바에 따르면, 미국 역사학자들이 가장 인기 있고 위대한 대통령으로 꼽은 이들은 워싱턴, 링컨, 루스벨트 순이었다. 아이젠하워, 케네디, 존슨 등은 중상에 속했고 카터, 레이건, 부시, 클린턴 등은 중하에 속했다.

슐레진저에 의하면, 상위 아홉 명의 대통령에게 나타나는 공통점은 이상을 추구하기 위해 위험을 감수했다는 것이다. 워싱턴을 논외로 한다면, 모두 국론이 양분되는 것을 두려워하지 않고 새로운 화합의 기치 아래 나라를 통일시켰다. 국민의 인기를 잃을까 두려워한 나머지 자기 신념을 꺾는다면 절대로 훌륭한 대통령이 될 수 없다.

제나라의 관자가 보기에 리더에는 일곱 가지 유형이 있었다. 신주申主(신중한 리더), 혜주惠主(지나친 관대함으로 국고를 탕진하는 리더), 침주侵主(법과 제도보다 사적인 감정에 따라 결정하는 리더), 망주亡主(자기 욕망에 충실하여 나라를 어지럽게 하는 리더), 노주勞主(일을 제대로 분담하지 못하고 벌이기만 해서 조직을 피곤하게 만드는 리더), 진주振主(아랫사람이 공포에 떨게 해 저항을 부르는 리더), 망주芒主(아랫사람들을 신뢰하지 않는 리더). 그중의 하나인 혜주가 바로 백성들에게서 인기를 얻으려고 뒷생각 없이 무턱대고 인심을 쓰는 경우다. 혜주는 기왕의 법도 무시하고 백성의 구미에 맞게 편법을 남발한다. 백성을 무시하는 통치와 마찬가지로 고약하기 그지없다.

"대통령으로서 성공하려면 시대를 너무 많이 앞질러 가서는 안 된다. 자기를 업고 있는 대중의 눈으로 사물을 보아야 한다."

해럴드 래스키는 『미국의 대통령제』에서 이렇게 역
설했다. 리더에게 가장 중요한 것은 대중의 마음을 헤
아리는 일이라는 뜻이다. 이는 대중적인 인기를 얻으
라는 것과는 전혀 다른 얘기다. 인기가 있다고 해서 반
드시 옳은 것은 아니며, 옳다고 해서 반드시 인기가 있
는 것은 아니다. 부모와 자식의 관계도 이와 비슷하다.
좋은 부모는 자기 아이들을 사랑한다. 그러나 아무리
좋은 부모라 해도 매일같이 자식들에게 사랑받아야 하
는 것은 아니며, 그럴 수도 없다. 떳떳하지 못한 부모
일수록 자식들의 비위를 맞추려 하고 자식들이 해달라
는 대로 다 해준다. 내일에 대한 생각 없이 지금 당장
만 무사히 넘어가면 된다고 여긴다.

참고로 관자가 앞의 일곱 가지 유형 중에서 가장 바
람직한 리더라 여긴 것은 '신주'였다. 신주는 아무리
권세를 얻어도 반드시 원칙과 법도를 지키고 무리하지
않는다. 자기에게 반대하는 의견에도 귀를 기울인다.
무엇보다도 백성의 비위를 맞추며 권력을 지탱하려 하
지 않는다. 래스키의 말대로 훌륭한 리더는 대중의 마

음을 헤아리려 하지만, 대중에게 아첨하려 들지는 않는다. 때로는 대중의 미움을 감수해야 한다.

루스벨트 대통령은 "내가 어떤 적을 만드느냐에 따라 나를 평가해달라"고 말했고, 대처 수상은 "나는 다수의 의견을 구하지 않는다. 오직 국민이 나의 비전을 따라와 주기를 바란다"라고 했다. 인기와 관련하여 리더의 유형을 살펴본다면 대략 다음의 네 가지가 있다.

1. 인기도 높고 마음먹은 대로 정책을 실행하는 유형
2. 인기는 없지만 마음먹은 대로 정책을 실행하는 유형
3. 인기는 많은데 아무것도 하지 않는 유형
4. 인기도 없고 아무것도 하지 않는 유형

가장 바람직한 것은 물론 첫 번째 유형이지만 우리에게 이처럼 바라기 어려운 리더도 없다.

깊은 강물과도 같은 민심

　어리석거나 허약하거나 교활한 리더일수록 인기를 좇고 인기에 매달린다. 때로는 인기를 무기로 삼는다. 그러나 현명한 리더는 민심을 밝힌다.

　옛날 암행어사가 하는 일은 크게 두 가지였다. 하나는 지방 관리들의 비리를 밝혀내는 일이었고, 또 하나는 민정과 민심을 알아내는 일이었다. 서울의 구중궁궐 안에 있는 임금은 민심의 소재를 파악할 길이 없었기 때문이다. 암행어사 중에서 야담에 자주 나오는 어사 박문수는 시원스레 원님들의 부정을 가려냈다. 당시는 민심이 흉흉하던 때였다. 못사는 백성들의 원성은 자연 임금을 향하고 있었다. 그러나 박문수도 그런 민심을 제대로 알리지 못했다. 알린다 해도 임금과 어사의 사이를 층층이 가로막는 무리들이 많았다. 온 백성이 임금을 원망한다는 소리를 듣고 뉘우칠 만큼 임금이 어진 것도 아니었다.

지금 우리는 암행어사가 필요하지 않을 만큼 쉽게 정보를 얻고 전하는 정보화 시대를 살고 있다. 그러나 그 옛날 임금과 암행어사와 민심의 관계는 여전히 남아 있는 것 같다. 아무리 뛰어난 통치자라고 해도 민심을 제대로 파악하기는 여간 어려운 게 아니다. 민심은 깊은 강물과도 같다. 움직이지 않는 듯하지만 항상 움직이고 있다. 강가에선 바위에 부딪혀 제법 물결이 치는 것도 같지만 정작 강은 고요할 수도 있다. 급하게 흐르는 곳도 있고 그냥 맴도는 곳도 있다. 언제 어디서 어떻게 보느냐에 따라 강물은 달라진다.

민심이란 이렇게 복잡한 것이다. 역대 대통령들처럼 어쩌다 재래시장을 방문하거나 포장마차 속을 들여다본다고 해서 알 수 있는 것이 아니다. 청와대에 들어오는 보고서들을 본다고 알 수 있는 것도 아니다. 보고서 위의 글자들은 흐르는 강물 위에 뜨는 물거품과도 같다. 때로는 측근들이 민심과 대통령 사이에 벽을 만들고, 대통령이 듣기 싫어하는 소리를 미리 차단하기도 한다. 이렇게 되면 무엇이 진짜 민심이고, 무엇이 가짜 민심인지를 분간할 수 없게 된다. 진짜가 가짜 같고, 가짜가 진짜 같다. 그러는 가운데 많은 통치자들이 정치를 그르친다. 그들은 자기가 강을 타고 움직이고 있는 줄 알지만, 사실은 강줄기를 타지 못한 채 샛강으로 빠져 표류하고 있는 것이다. 대중의 기분은 흔들리기 쉽다. 그때그때 대중의 지지를 얻는 건 그리 힘든 일이 아닐 수도 있다. 그러나 그 지지를 유지하는 것은 대단히 어려운 일이다.

리더가 너그러움, 도량, 성실함, 용기, 정직, 위엄 등 온갖 장점을 다 갖추고 있다면 그보다 더 좋을 수 없을 것이다. 이런 리더라면 굳이 신경 쓰지 않더라도 많은 사람의 인기를 한 몸에 얻을 것이다. 그러나 마키아벨리의 말대로 "한 인간이 모든 장점을 갖출 수는 없다. 설사 갖추고 있다 해도 현실적으로 그 장점들을 그대로 발휘하기란 불가능하다." 그렇기 때문에 리더는 그의 파멸을 바라는 사람들에게 공격의 구실을 주는 악평만은 받지 않도록 주의해야 한다. 물론 대수롭지 않은 악평에 대해서는 (피하는 게 좋기는 하지만) 크게 신경 쓰지 않아도 된다. 마키아벨리는 『군주론』에서 이렇게 말했다.

"군주는 민중에게 사랑받지 않아도 좋지만 절대로 원망만은 받지 않아야 하며, 동시에 사람들이 어려워하는 존재가 되어야 한다. 이는 시민들이 생명과 재산에 위협을 느끼지 않고 매일 안심하고 살 수 있게만 해준다면 얼마든지 가능한 일이다."

또한 그는 "군주가 민중에게 바탕을 두고 있고, 리더십과 판단력이 있으며, 나라를 꾸려나가는 데 빈틈이 없고 항상 적절한 정치를 한다면 민중은 결코 그에게 등을 돌리지 않을 것이다"라고 했다. 그는 피렌체의 군주에게 미덕을 가지라고 권했다. 이때 그가 말한 미덕이란 역량을 뜻하는 것이었다. 그러나 그는 다음과 같은 단서를 다는 것을 잊지 않았다.

"자신의 지지자를 배반하고, 신의와 자비심을 갖지 않는 것을 군주의 미덕이라 할 수는 없다."

이는 어느 시대, 어느 나라의 리더나 귀담아들어야 할 충고다.

가까이에서 보면 결점투성이

　흔히 대통령처럼 권력의 정상에 있는 사람이라면 탁월한 인품에 넓은 식견의 소유자일 거라 생각하기 쉽다. 또 그런 사람이 대통령이 되는 것이 가장 바람직하기도 하다. 그러나 실제로는 그렇지 못한 경우가 많다.

　미국의 30대 대통령 캘빈 쿨리지가 언젠가 대통령 전용 요트에 손님들을 태우고 포토맥 강을 순항하고 있었다. 그가 갑판에 홀로 서서 말없이 물결을 바라보고 있는 모습을 보고 한 손님이 감탄하여 옆 사람에게 말했다.

　"저 모습을 보세요. 물결을 응시하고 있는 저 모습을. 저분의 머릿속에 지금 무슨 생각이 들어 있을까요?

얼마나 나라 일을 걱정하고 계실까요?"

한참 동안 까딱도 않고 물속을 들여다보던 대통령이 손님들을 둘러보더니 "저기 보이는 저 물새 있지요? 한 20분쯤 보고 있었는데 전혀 움직이지 않았답니다. 아마 죽었나 봐요." 이런 캘빈 쿨리지는 미국의 역사학자들에게서 만장일치로 낙제점을 받은 대통령이었다. 무능한 그는 성격적인 결함도 많았다. 그런 그가 대통령이 될 수 있었다는 것에 민주주의의 약점이 있다. 쿨리지처럼 심하지는 않다 해도 결함이 전혀 없는 완전무결한 리더는 없다.

"신은 우리를 인간으로 만들기 위해 무엇인가 결점을 부여했다."

셰익스피어는 『안토니오와 클레오파트라』에서 이렇게 말했다. 인간인 이상 누구나 결점이나 단점이 있다. 다만 위대한 인간은 자기에게 어떤 결점이 있는가를 알고 있다는 것이 보통 사람과 다를 뿐이다. 참다운 리더는 항상 자기가 얼마나 부족한가를 알고 있으며 그 결점과 부족함을 극복하기 위해 꾸준히 노력한다. 리더가 될 자격이 없는 사람이 리더 자리에 오르면 그런 노력도 없이 결점을 숨기고 가식으로 꾸미려고만 한다.

제우스는 새들의 왕을 새로 뽑기로 하고 모든 새들에게 모이라고 명령했다. 그중에서 가장 아름다운 새를 왕으로 뽑기 위해서였다. 새들은 시냇가에서 몸을 깨끗이 씻었다. 까마귀는 자기가 못생긴 것을 알고 있었기 때문에 다른 새들이 떨어뜨린 깃털들을 주워서 몸에 붙였다. 그렇게 해서 까마귀는 아름다운 새가 되었다. 지정된 날이 되어 모든 새들이 제우스 앞에 모였다. 제우스는 까마귀가 제일 아름답다며 그를 왕으로 임명하려 했다. 그러자 분개한 새들이 까마귀 몸에 붙어 있는 자기 깃털들을 떼어버렸다. 그 바람에 까마귀는 예전과 같이 까맣고 미운 새로 돌아갔다. 이솝 우화에 나오는 얘기다.

아무리 위대한 리더라고 해도 아주 가까운 측근들의 눈에는 위선자로 보일 때가 많다. 가까이에서 보면 인간적으로 결점투성이라는 것을 너무나도 잘 알게 되기 때문이다. 1994년 「뉴욕 타임스」에 마오쩌둥의 생활이 일부 소개되었다. 20년 넘게 마오쩌둥의 주치의였던 의사가 폭로한 내용이었다. 그에 따르면, 마오쩌둥은 형편없이 이기적인 폭군이었고 호색광이었으며 그의 주변에는 아첨꾼들만 있었다고 한다. 이런 걸 보면 죽은 다음까지도 존경받는 리더는 극히 드문 것 같다. 분칠은 언젠가는 벗겨지게 마련이다.

그래서 드골은 '권위에는 위신이 필요하며 위신을 유지하기 위해서는 신비의 베일을 쓰고 있어야 한다'고 믿었다. 그는 "사람들은 자기가 아주 잘 아는 대상을 존경하지 않는다"라고 말한 적이 있다. 위신은 사람들과의 거리에 비례한다는 것이다. 그는 죽는 날까지 아랫사람들이 자신에게 접근하지 못하도록 했다. 그래서인지 그의 사생활에 대해서는 뒷소문이 하나도 없다. 그에 대한 높은 평가도 오늘에 이르도록 달라지지 않았다.

많은 결점에도 불구하고 역사적으로 존경받는 인물들도 있다. 처칠이나 루스벨트가 여기에 속한다. 큰 인물들은 때로 결점이 매력이 되기도 한다. 오랫동안 미국 백악관의 셰프였던 사람이 쓴 회고록에 따르면, 닉슨 대통령은 백악관 만찬 때 손님에게는 싼 캘리포니아 와인을 마시게 하고, 자기는 똑같은 병에 슬쩍 비싼 프랑스 와인을 넣어 마셨다고 한다. 마키아벨리는 이렇게 말했다.

"군주가 될 사람이라고 해서 여러 좋은 자질을 모두 갖추고 있을 필요는 없다. 그러나 사람들이 그가 그런 자질을 갖추고 있다고 믿게끔 만들 필요는 있다. 정확히 말하자면 실제로 갖추고 있으면 짐스럽기만 하고, 오히려 갖추고 있는 것처럼 믿게 만드는 편이 더 유익하다."

최악은 경멸당하는 리더

뛰어난 역량을 가진 리더도 민중에게 미움을 사는 경우가 있다. 마키아벨리에 의하면, 리더가 민중이 가장 소중히 여기는 것을 빼앗을 때 그렇게 된다고 한다. 나라의 경제를 파탄으로 이끌고, 국민들의 살림을 어렵게 만들면 국민의 미움을 사는 것이다. 재산, 자유, 인권, 자존심 같은 것들을 빼앗을 때도 마찬가지다.

마키아벨리는 또 군주가 오만하고 방자해도 미움을 산다고 말했다. 특히 억압받고 있는 민중보다 자유로운 민중에게 그렇게 할 때 더욱 미움을 산다. 그러나 리더가 가장 경계해야 할 것은 미움을 넘어서 경멸당하거나 얕잡히는 것이다. 그것만 피할 수 있다면 리더로서 웬만한 임무는 다 할 수 있고, 웬만한 악평도 감당할 수 있다. 리더의 마음이 쉽게 변하고, 경박하고, 소심하고, 결단력이 없을 때 사람들의 마음속에 경멸이 싹튼다. 따라서 리더는 자기가 하는 일이 훌륭한 것이며, 용감하고 진지하며 확고한 의지에 따라 추진하는 것처럼 보이도록 노력해야 한다.

리더는 엄할 때는 엄해야 하고 부드러울 때는 부드러워야 한다. 엄해야 할 때 부드러워도 경멸당하기 쉽다. 당나라 태종이 이위공에게 물었다.

"옛 병법 책을 보면 '관리 체제를 엄하게 하면 사람들이 권력자를 두려워하며 명령을 잘 따른다. 또 병사들은 적을 두려워하지 않고 싸운다'라고 적혀 있다. 이것은 옳은 말인가?"

이위공이 대답했다.

"법률이나 형벌만으로 사람들을 따르게 할 수는 없습니다. 벌을 받을까 무서워서 싸움터에 나가는 병사들이 적을 이길 수는 없습니다."

그는 또 말하기를

"잘못했다 해서 번번이 벌을 주는 것도 나쁘지만, 너

그렇게 다스린다면서 벌주는 일을 게을리 해도 질서가 무너진다고 손자도 말했습니다. 애정 없이 엄하게만 다스린다 해도 질서가 유지될 턱이 없습니다."

이어서 그는 힘주어 말했다.

"무엇보다도 중요한 것은 애정을 가지고 신뢰할 수 있는 인간관계를 만들어내는 일입니다."

태종이 의아스러운 표정을 짓자 그는 다음과 같이 말했다.

"민심을 장악한 다음에는 얼마든지 엄하게 벌을 줘도 됩니다. 이 순서가 뒤바뀌면 안 됩니다. 엄하게 다스린 다음 온정을 베풀려 하면 아무 소용이 없습니다."

덮어놓고 누르고 무서운 얼굴을 한다고 강력한 리더가 되는 것은 아니다. 이솝 우화에도 나오듯이 사람들을 움직이게 하는 것은 따스한 햇볕이지 매서운 북풍이 아니다.

당송 팔대가의 한 사람인 유종원의 글에 「종수곽탁타전」이 있다. 곽탁타라는 정원사의 전기와 같은 글이다. 허리가 낙타처럼 휜 곽탁타는 뛰어난 정원사였다. 그가 키우는 나무는 모두 잘 자랐다. 비결이 무엇이냐고 묻자 그가 대답했다.

"소인이라고 용빼는 재주가 따로 있는 것이 아닙니다. 그저 나무의 본성을 존중할 뿐입니다."

나무의 본성이 뭐냐고 묻자 그는 이렇게 말했다.

"나무는 곧바로 자라려 하고 뿌리는 단단히 땅 속에 박히기를 원합니다. 소인은 그저 소중하게 나무를 심은 다음에는 나무가 제 본성에 따라 자라도록 내버려둘 뿐입니다. 다른 사람들은 툭하면 흙을 갈아주고, 뿌리가 단단한지 살핀다며 나무를 흔들어보곤 합니다. 나무를 아낀다면서 괴롭히기만 할 뿐입니다."

그런 식목법을 정치에 응용할 수 없겠느냐고 물었다.

"관의 나리들을 보면 공연히 이래라 저래라 하며 귀찮게 지시하는 걸 즐기는 듯합니다. 좋은 뜻으로 여러 가지 일에 마음 써주는 것은 고맙지만 결과적으로 화만 더할 뿐입니다. 우리 일은 우리가 알아서 잘할 텐데 툭하면 나리들이 나타나 잘 알지도 못하면서 씨를 빨리 뿌려라, 추수 때를 놓치지 마라 하지를 않나, 심지어는 자식을 소중히 해라, 가축에게 먹이를 잘 주어라 온통 잔소리뿐입니다. 거기에 저희 서민들은 고맙다며 굽실거려야 하고, 나리들 접대하느라 정신이 없답니다. 어찌 서민들이 차분히 일을 할 수 있겠습니까?"

그러니 백성들이 권력자를 경멸할 수밖에 없지 않겠느냐는 것이다.

명나라 말기의 석학 여곤은 『신음어』에서 리더를 여섯 등급으로 나누었다. 가장 으뜸가는 리더는 그릇이 크고 꾸밈이 없다. 마치 사람이 햇빛을 받고 공기를 마시고 있으면서도 이를 의식하지 못하는 것처럼, 요란스럽게 정치를 하지 않는데도 사람들을 행복하게 만든다. 그렇다고 머리가 좋고 지혜가 많다느니, 능력이 뛰어나고 용기가 있다느니 하는 평판도 듣지 않는다. 그에게는 전혀 사심이 없고 사욕도 없다.

두 번째로 꼽히는 리더는 사리가 밝고 강직하고 모든 일을 분명하게 처리하며 항상 정도를 걷는다. 그래서 때로는 모가 나기도 하고 사람들의 반발을 사기도 한다. 그러나 어떠한 장애에도 굽히지 않고 자기가 옳다고 믿는 것을 관철시킨다.

세 번째로 꼽히는 리더는 안전 제일주의자이다. 그는 무리하지 않으려 하고, 매사 위험을 피해 조심스럽게 걸어 나간다. 따라서 그리 멋있지 않고 인기가 있는 편도 아니다. 그러나 불안하지는 않다.

네 번째로 꼽히는 리더는 사리사욕을 채우기 위해 공을 저버리지는 않지만, 그렇다고 해서 공을 위해 사를 희생할 정도는 아니다. 말로는 늘 나라와 국민을 위한다고 하지만, 마음속으로는 자기의 명예나 지위만을 생각한다. 다만 자진해서 악한 짓을 하지는 않는다.

다섯 번째에 속하는 리더는 사리를 위해 권력을 남용하고, 자기편 사람만 쓰고 자기편이 아닌 사람은 배척한다. 사리사욕에 가득 차 있으며 공과 사를 거침없이 뒤섞는다.

여섯 번째의 가장 못된 리더는 음험하고 흉악하며 올바른 사람을 예사로 괴롭히고 나라를 어지럽게 한다.

리더십의 딜레마

오래전 캐나다 제국상업은행이 사원 교육을 위한 리더십 센터를 토론토 교외에 세우기로 했다. 그런 다음 이 센터의 효율적 운영을 위해 은행 임원 27명에게 가장 중요한 리더십의 조건이 무엇이며, 리더십을 가르칠 때 어떤 과정이 중요한가에 대한 설문조사를 했다. 답변은 대체로 '우리는 a를 해야 한다. 그러나 동시에 b도 해야 한다'라든가 '우리는 a를 지향해야 하지만 그렇다고 해서 b를 등한시해서는 안 된다'라는 식의 이율배반적인 요구 사항이 많았다. 그 결과 다음과 같은 '리더십의 딜레마'를 발견했다.

1. 광범위한 리더십 vs 주목도 있는 리더십

사람들은 최고 경영진이 친히 앞장서서 카리스마 있게 조직을 이끌어갈 필요성을 절실히 느낀다. 다른 한 편으로 회사 전반에 걸쳐 모든 층위의 사람들이 리더 십을 길러야 한다는 필요성도 마찬가지로 강렬히 느낀 다. 만약 최상위의 관리자가 모든 채널을 장악한다면, 다른 사람들은 침묵을 지키게 될 것이다. 반대로 최고 경영자가 아무런 표현도, 역할도 하지 않는다면 다른 사람들은 지지하고 지원해주는 힘이 없어 조바심을 내 거나 힘이 빠질 수밖에 없다. 예를 들어, 전문가들은 CEO가 강력한 역할을 하지 않는다면 조직의 혁신은 실패하고 말 것이라고 말한다. 그러나 다른 한편으로 혁신의 성공은 중간 관리자, 팀원들 및 기타 구성원들 사이에서 나온 광범위한 층의 리더들에게 달려 있다는 말도 덧붙인다.

2. 독립성 vs 상호 의존성

우리는 주인의식과 책임감이 있는 적극적인 기업가 정신을 바란다. 그러나 남을 비방하거나 공유해야 할 자원을 독차지하거나 회사가 제안한 사항을 무시하는 리더를 원하지는 않는다. 독립적으로 판단하고 실행하는 것과 상호 소통하고 협력하는 것 사이의 딜레마는 모든 조직에서 나타난다. 상사들은 종종 팀원들에게 예산 집행과 같은 권한을 주며, 관련 부서장과 상의하는 것이 좋겠지만 꼭 그래야 하는 건 아니라는 식의 말을 한다. 그럴 경우 팀원들은 간만에 독립성을 발휘해 일을 추진한다. 그러나 그러다 문제가 생기면 결국 왜 팀플레이에 신경 쓰지 않았느냐, 왜 상의하고 협력하지 않았느냐는 쓴 소리를 듣기 일쑤다.

3. 장기적 관점 vs 단기적 관점

토머스 스튜어트라는 경영 전문가가 제록스의 데이비드 컨 회장과 인터뷰를 한 적이 있다. 때마침 컨 회장은 책상에 놓는 팩스 기계와 퍼스널 컴퓨터 같은 발명품이 상품화에 실패한 원인을 검토하는 중이었다. 그는 실험실과 상품화의 거리를 좁힐 수 있는 방법을 고민하고 있다고 말했다. 인터뷰가 끝날 무렵에 그는 이렇게 말했다.

"우리는 지금까지 5년 내지 10년 전의 일에 대하여, 또 5년 내지 10년 후의 일에 대하여 얘기해왔습니다. 그러나 이 방 밖에서는 여러 실무 책임자들이 기다리고 있습니다. 그들이 관심 있는 것은 오로지 눈앞에 닥쳐온 4분기뿐입니다."

리더는 항상 장기 계획과 단기 계획의 딜레마 속에서 살게 된다.

4. 창조성 vs 규율

리더는 어떤 틀에 구애받지 않고 자유롭게 생각하며 앞일을 구상하는 것이 좋다고들 말한다. 그러나 아무리 좋은 계획이라도 한정된 예산 안에서 집행 가능한 것이어야 하며, 회사의 정책과 일치하는 것이라야 한다. 이를 두고 토머스 스튜어트는 마오쩌둥의 '백화제방', 즉 온갖 꽃을 자유롭게 피우라는 말과 같다고 말했다. 단, 정원 안에서만 말이다.

5. 신뢰 vs 변화

신뢰와 변화는 때로 상극 관계를 이룬다. 사옥 이전

이나 대규모 혁신과 같은 조직의 변화는 신뢰나 헌신을 훼손시킬 수 있다. 회사에 오래 다닌 사람들이 여기저기로 흩어지고, 새로운 리더가 새로운 기준을 가져온다면 조직은 불안정한 상태가 될 것이다. 긍정적인 변화조차도 때로는 신뢰를 약화시킨다. 그러나 조직의 발전을 위해서는 변화가 필요하고, 신뢰 없이는 변화가 불가능하다.

6. 사생활 vs 생산성

생산성을 극대화하고 모든 구성원이 조직에 110퍼센트 공헌할 수 있게 하는 것은 바람직하지만, 이런 방향은 반드시 개인들의 사생활에 대한 요구와 균형을 맞춰야 한다. 일만 시키고 쉴 수 있는 여유를 주지 않는다면, 구성원들을 바보로 만드는 꼴이 될 것이다.

7. 리더십과 vs 실무 능력

관리 능력이나 기술력은 리더십과 다르다. 아무리 훌륭한 계획도 제대로 집행되지 않는다면 좋은 결과를 얻을 수 없다. 물론 잘못된 계획이 제대로 집행된다면 최악의 결과를 맞이하게 될 테지만.

　이러한 양자택일의 딜레마 속에서 발휘되는 것이 바로 리더십이다. 딜레마 속에서 리더십의 방향타가 되는 몇 가지 원칙이 있다. 오자는 이를 다섯 가지로 정리했다.

1. 이理: 아랫사람들을 한마음으로 만들고 조직 관리의 묘를 살린다.
2. 비備: 항상 준비에 만전을 기한다.
3. 과果: 과감하게 행동하고, 한번 목표를 세우면 어떠한 장애도 극복하고 민첩하게 대응한다.
4. 계戒: 신중하게 일을 처리한다. 상황 변화에 주의하고, 어떤 조짐에도 방심하지 않고 신중하게 대응한다. 여기에는 잘못을 저지르지 않도록 스스로 경계하는 자계自戒도 포함된다.
5. 약約: 형식적인 규율을 폐지하고 행정을 간소화한다. 지휘와 명령의 체계를 간소화한다.

쥐새끼 같은 측근들

리더가 유감없이 리더십을 발휘할 수 있게 보좌하는 것도 측근이지만, 리더의 눈을 어둡게 만들고 그릇된 길잡이를 하는 것도 측근들이다. 송나라의 한 술집은 술맛도 좋고, 인심도 후하고, 친절한데도 술이 잘 안 팔렸다. 주인이 답답해서 마을 어른에게 물어보니 어른이 말했다.

"자네 집에서 키우는 개는 맹견이지?"

"네."

"그러니까 술이 안 팔리지."

"술과 개가 무슨 상관입니까?"

"가령 어린애가 아버지 심부름으로 술을 사러 왔다

고 하세. 가게 앞에 맹견이 있으면 무서워서 어떻게 들어오겠나."

이 얘기를 소개하면서 한비자는 다음과 같이 말했다.

"나라에도 이런 맹견이 있다. 유능한 인재가 군주를 찾아가 좋은 의견을 제시하려 해도 맹견과 같은 못된 대신들이 그를 물어뜯는다. 결국 군주의 총명함은 가려지고 덕이 있는 인재는 배척당한다."

제나라의 환공이 관중에게 물었다.

"나라를 다스릴 때 무엇에 가장 마음 써야 하는가?"

"쥐새끼 같은 나쁜 놈들을 제거하는 것입니다."

2년 동안 낸시 레이건의 보좌관 노릇을 하던 한 여인이 레이건 대통령의 측근들을 이렇게 혹평했다.

"그들은 질투심이 많고 경박하고 파당을 일삼고 옹졸하고 어리석기 짝이 없으면서도 중상모략에 능하다."

그녀가 보기에 백악관의 보좌관이나 고문들은 모두 '쥐새끼'들일 뿐이었다. 동서를 막론하고 권력자의 측근에는 언제나 이런 '쥐새끼'들이 몰려든다. 군주의 머리가 좋은지 나쁜지를 알고 싶으면 그 측근을 보면 된다. 측근이 유능하고 성실하다면 군주가 현명한 것이고, 거꾸로 측근이 무능하다면 대단한 군주가 못 된다. 무능한 측근을 두는 것은 군주에게 사람을 알아보는 눈이 없기 때문이다. 이는 마키아벨리가 『군주론』에서 한 말이다.

고약하게도 못된 측근일수록 더욱 뽐내려 든다. 하기야 그들은 권력의 단맛을 보려고 권력자에게 붙어 있는 것이니 당연한 일이다. 백악관의 측근들은 누가 대통령 가까이에 앉느냐를 두고도 서로 시기하고 암투한다. 그렇다고 대단한 충성심이 있는 것도 아니다. 겉으로는 리더를 위해 목숨도 걸 수 있다고 말하지만, 그것은 죽음을 필요로 하지 않을 때뿐이다. 이 역시 마키아벨리의 말이다.

닉슨 대통령의 두터운 신임을 받았던 존 다니엘 에릭만은 나중에 닉슨을 알코올 중독자요, 정신분열자라고 비난했다. 데이비드 스톡만도 예산청장 자리에서 물러난 다음 레이건 대통령을 형편없는 낙관주의자라고 비웃었다. 이런 모습은 리더와 측근들의 관계가 반드시 신뢰와 충성으로 맺어진 것이 아니라는 사실을 보여준다. '충성스러운' 측근에는 다음과 같은 세 가지 유형이 있다.

1. 명령 복종형: 윗사람의 명령에는 충실하지만, 아랫사람에게는 권위를 부리기 좋아한다. 명령이 없으면 움직이지 않는다.
2. 좀스런 타입: 성실한 듯하지만 부하의 일에 일일이 참견한다. 줏대 있고 자기주장이 강한 부하를 좋아하지 않고, 모든 일을 자기 손을 거쳐야 안심한다. 그래서 일에 쫓기는 나머지 정말로 자기가 해야 할 일을 할 시간과 여유가 없다.
3. 판에 박힌 관료형: 늘 규칙과 관례에 얽매여 전향적인 결정을 내리지 못한다.

이런 사람들은 윗사람에게 옳은 소리가 못 들어가게 막는다. 이는 쥐꼬리만 한 권력이라도 유지하기 위한 그들만의 보신책이기도 하다. 이런 이들을 곁에 둔 권력자는 점점 더 현실에서 멀어진다. 진晉나라의 중신 한선자가 말했다.

"말의 사료비를 충분히 책정해줬는데도 말들이 살찌

지 않으니 은근히 걱정이 된다."

주시라는 사람이 이 말을 듣고 이렇게 대답했다.

"마구간지기가 예산대로 사료를 제대로 줬다면 살찌지 말라고 해도 자연히 살찌게 마련이오. 아무리 예산을 충분히 책정해줘도 실제로 말에게 먹이는 양이 적다면 살찌지 않는 게 당연한 이치 아니겠소. 당신이 실정에 어둡고, 그냥 윗자리에 앉아 마음만 썩이고 있는 한 말은 언제까지나 살찌지 못할 것이오."

이런 예를 들면서 한비자는 윗사람이 실정을 제대로 파악하는 데 걸림돌이 되는 것은 측근들의 농간이라고 말했다. 권력자는 이런 측근들을 늘 조심해야 한다. 그들에 의해 언로가 막히기도 하고, 그릇된 정책을 세우거나 사람을 잘못 쓰기도 하기 때문이다.

"군주의 조언자로 선택될 만큼 현명한 사람이라 할지라도 절대로 사리사욕에 흐르지 않는다고 할 수는 없다. 인간은 필요에 의해서 선인善人이 되기도 하지만, 그런 제약에서 벗어나면 쉽게 악으로 흐를 수 있기 때문이다."

마키아벨리는 『군주론』에서 이와 같이 인간의 본성

을 냉철하게 꿰뚫어보았다.

리더에게 좋은 측근을 만나는 것처럼 다행스러운 일
도 없다. 석가가 늙어서 시종 겸 비서를 쓰기로 했다.
제자들이 의논 끝에 아난다라는 청년을 추천했다. 아
난다는 분에 넘치는 영광이라며 사양했으나 결국은 다
음과 같은 세 가지 조건을 달고 맡기로 했다.

1. 새 옷이든 헌 옷이든 석가의 옷은 받지 않는다. 이
   는 다른 제자보다 더 총애 받는 것을 스스로 경계
   하기 위해서다.
2. 석가가 신자 집에 초대받아 갔을 때, 자신이 동석
   하여 음식을 같이 먹지 않는다. 이는 석가의 측근이
   라는 이유로 우쭐대지 않도록 자숙하기 위해서다.
3. 아무 때나 석가를 만나 시중들지 않는다. 이는 남
   의 흉을 보거나 고자질하지 않겠다는 자계自戒를
   위해서다.

그러나 이런 측근을 얻기란 여간 어려운 일이 아니
다. 위나라 문후 임금 시기에 서문표가 지방 장관에 발

탁되었다. 청렴결백한 그는 조금도 사리사욕에 흐르지 않았다. 그는 늘 당당했기 때문에 문후의 측근들에게 허리를 굽히거나 인사치레를 해야 할 필요를 전혀 느끼지 않았다. 그래서 측근들에게 미움을 샀다. 1년 후에 서문표가 시정 보고서를 제출했는데, 뜻밖에도 업무 실적이 부실하다며 면직 처분을 받았다. 측근들이 기회 있을 때마다 임금에게 그를 중상모략했기 때문이다. 그러자 그는 다음과 같이 탄원서를 제출했다.

"지금까지 저는 지방을 어떻게 다스려야 좋을지 몰랐는데 이제 와서 겨우 알게 되었습니다. 제발 다시 한 번 지방 행정을 맡겨주십시오. 만약 이번에도 좋은 성적을 올리지 못한다면 저를 단죄하셔도 좋습니다."

이를 딱하게 여긴 문후는 그를 복직시켰다. 서문표는 이번에는 백성들을 엄하게 다스리며 세금도 가혹하게 징수하는 한편, 문후의 측근들에게 전과 달리 후한 인사치레를 게을리하지 않았다. 1년 후 서문표가 업무 보고를 하기 위해 돌아오자, 문후는 그를 몹시 반기며 그동안의 노고를 치하했다. 측근들이 문후에게 서문표를 좋게 말해준 덕분이었다. 그러자 서문표는 이렇게 말했다.

"지난번에 저는 전하를 위해 성실하게 일했지만 면직 처분을 받았습니다. 이번에는 측근들의 비위만 맞춰가며 일했는데 칭찬을 받았습니다. 이제는 더 이상 지방 장관 자리에 있을 마음이 없어졌습니다."

사표를 내자 당황한 문후는 "마음을 돌리고 이 사표를 철회하시오. 나는 지금까지 자네를 이해하지 못했는데 이제야 비로소 눈을 뜨게 되었소. 제발 다시 그 지방을 맡아주시오" 하고 말했다. 이는 아주 특수한 경우다. 보통은 이야기가 이렇게 끝나지 않는다. 서문표처럼 사표를 내는 공직자도 없거니와 문후처럼 뉘우칠 권력자도 없기 때문이다.

권력은 무엇보다도 아첨꾼들을 부른다. 리더가 가장 경계해야 하는 것도 이런 사람들이다. 아첨꾼을 '흑사병'이라고 평한 마키아벨리에 따르면, 흑사병으로부터 자기 몸을 지킬 수 있는 방법은 하나밖에 없다. 당신에게 어떠한 진실을 말해도 언짢게 받아들이지 않겠다는 다짐을 보여주는 것이다. 그렇다고 누구나 마음 놓고 진실을 말할 수 있다면, 아무도 당신을 어려워하지 않을 것이다. 따라서 사려 깊은 군주라면 현명한 인물을 몇 명 골라 그들에게만 진실을 말하는 역할을 맡길 것이다. 당신이 묻는 것에 한해서 말이다.

누구나 자기는 아첨을 싫어하고 아부를 경멸한다고 말한다. 그러나 그것은 말뿐이다. 사람은 대개 아첨을 좋아하고 아부에 약하다. 아첨을 미워한다는 사람은 자기가 남만큼 아첨을 잘하지 못하기 때문인 경우가 많다. 경영학 교수들도 아첨을 잘하는 사람이 못하는 사람보다 출세가 빠른 게 사실이라고들 말한다. 아부하는 이를 오랫동안 곁에 두다 보면 어느 사이엔가 경계심을 잃고 은근히 그것을 즐기게 된다. 아부하지 않는 사람보다 아부를 잘하는 사람을 좋아하게 되고, 결과적으로 그것이 인사고과에 반영된다. 아부를 충성심과 혼동하기 때문이다. 아부가 통하는 것은 우쭐해 하고 싶은 리더의 심리 때문이다. 자기 지위에 불안감을 느끼고 있거나 능력에 자신이 없기 때문이다. 따라서 아첨에 특히 약한 것은 이제 막 승진한 새 보스들이다.

아첨도 하려면 제대로 해야 한다. 잘못하면 오히려 역효과가 나기 쉽다. 영악한 사람은 아첨에도 능하다.

그들은 아닌 척하며 은근히 아첨하는 묘법을 알고 있다. 그들은 무조건 복종만 하는 아첨꾼이라는 인상을 주지 않기 위해 이따금 상사의 의견에 의식적인, 계산된 반대를 한다. 단, 중요한 문제가 아니라 상사가 별로 대단치 않다고 여기는 문제에 한해서 반대한다. 작은 일에 대한 반대에는 관대할 수 있어도 큰 문제에 대해서는 좀처럼 굽히지 않는 것이 보스들이기 때문이다. 그런 아첨꾼을 윗사람은 성실하고 고지식하고 충실한 일꾼이라고 여긴다.

아첨은 이처럼 리더의 눈을 가리고 귀를 멀게 한다. 건전한 판단을 위해 필요한 정보의 자유롭고 활발한 흐름을 막는다. 또한 리더가 자기 과신에 빠져 남의 의견을 무시하게 만들기도 한다. 『십팔사략』에는 당 태종이 평소에 이런 말을 잘 했다고 나온다.

"군주는 단 한 사람이다. 따라서 마음도 하나밖에 없다. 그러나 그 마음 하나에 파고들려는 자는 수없이 많다. 어떤 자는 변설辯舌로 군주의 시비선악에 대한 판단력을 뒤틀리게 하고, 어떤 자는 아첨으로 군주의 비위를 맞추려 하고, 어떤 자는 거짓말로 군주를 속이려

하고, 어떤 자는 기호로 군주가 사치에 흐르게 한다. 자기 재주를 팔고, 환심을 사고, 아양을 떨며 출세하려고 사방팔방에서 몰려오는 것이다. 이래서 군주는 조금이라도 마음을 풀고 틈새를 보이면 당장에 타락, 파멸이라는 끔찍한 결과를 맞게 된다."

위험한 다수결

　권력자 주변의 측근은 한둘이 아니라 여러 명이다. 그들은 독불장군이 아니다. 집단적으로 행동하고 집단적으로 판단을 내린다. 하나로 뭉쳐 있을 때 자신들의 권한이 더욱 강화된다는 것을 알고 있기 때문이다. 가령 청와대에서 어떤 정책 결정이 이뤄지면 비서들은 일사분란하게 불리한 증거들을 은폐하고, 비판적인 판단을 보류해 집단의 단결심이 훼손되지 않게 한다. 케네디 대통령의 참모진은 쿠바 침공 계획을 세울 때, 그 계획이 성공할 확률이 낮다는 것을 드러낼 만한 사실들을 의식적, 집단적으로 배제했다.

　위나라의 왕이 제나라와 초나라를 쳐야 할지 말아야

할지를 결정하기 위해 중신회의를 열었다. 장의는 진-한과 손을 잡고 제-초에 쳐들어가자고 주장했다. 혜시가 이에 반대하여 격론이 벌어졌다. 대부분의 중신들은 장의의 편을 들었다. 왕은 다수결에 따라 장의의 의견대로 제-초를 공격하기로 했다. 회의가 끝나자 혜시는 왕에게 "한마디만 더 말씀드리고 싶습니다"라고 말했다. 왕은 "모두가 제-초를 치는 게 유리하다는 데 의견을 모았다. 그러니 더 이상의 토의는 필요없다"라고 못을 박았다. 그러나 혜시는 굽히지 않고 말했다.

"정말로 장의의 주장을 따르는 것이 유리할 수도 있습니다. 그렇다면 여기 모인 중신들이 다 같은 의견이니 놀랍게도 모두 선견지명이 있는 현자들임에 틀림이 없을 것입니다. 그러나 만약 제 의견이 옳은데도 불구하고 반대하는 것이라면, 모두가 어리석은 자들이 되는 것 아닙니까? 하나의 문제를 놓고 토의한다는 것은 의심스러운 점, 결단을 내리기 어려운 점이 있기 때문입니다. 처음부터 시비가 분명하다면 토의할 필요가 없지 않겠습니까? 결정을 내리기 어려운 문제를 토의하는 이상 당연히 찬반양론이 있어야 합니다. 그럼에도 불구하고 중신들이 처음부터 한쪽 주장만을 지지하고 있습니다. 그것은 정말로 장의의 의견이 옳다고 확신해서가 아니라 그의 편을 들어야 뒤탈이 없다고 생각해서입니다. 왕께서는 다수의 결정이라 하여 기뻐하시지만 이처럼 위험한 것도 없습니다."

리더에게는 중론을 따르지 않는 용기가 있어야 한다. 리더의 이해와 측근들의 이해가 다를 수도 있기 때문이다. 손권이 막판에 몰렸을 때 모든 신하가 항복론을 폈다. 이때 노숙만은 적벽의 회전會戰을 주장하면서 "빨리 결단을 내리십시오. 중의에 현혹되어서는 안 됩니다"라고 말했다. 그 이유는 다음과 같았다.

"설사 제가 항복한다 해도 조조는 소인을 고향에 돌아가게 해주고 적당한 감투 하나쯤은 줄 것입니다. 그리고 학자, 문인들과 어울리는 동안에 그들의 추천을 받아 지방 장관쯤으로 승진할 수도 있을 것입니다. 그러나 장군께서는 한 번 항복하면 어디에도 발붙이고 살 수 없게 될 것입니다."

회사가 망한다 해도 평사원들은 다른 회사로 옮겨갈 수 있다. 그러나 사장이나 회장은 갈 곳이 없다. 당연히 운신의 폭도 다를 수밖에 없다.

어느 날 링컨 대통령이 중요한 문제를 처리하기 위해 각의를 열었다. 일곱 명의 장관이 모두 찬성했다. 반대는 링컨 한 사람뿐이었다. 그래도 그는 장관들의 말을 끝까지 겸허하게 경청했다. 그러고는 껄껄 웃으면서 이렇게 결론을 내렸다.

"원안에 대하여 찬성 일곱 표, 반대 한 표. 고로 원안을 부결한다."

한 명이라도 반대한다는 것은 찬성 의견에 문제가 있다는 뜻이다. 그러나 우리 정부의 어떤 정책 결정 과정에서도 이와 같은 링컨의 방식은 통하지 않는다. 으레 다수의 의견을 따른다. 그것이 민주주의라고 하지만 리더가 가장 경계해야 할 것 중 하나가 바로 이런 다수의 의견이다. 특히 조심해야 할 것이 측근들을 통해 올라오는 이른바 중론이다.

감정에 치우친 인사

워싱턴이 대통령이 되었을 때 정부의 어느 요직에 두 후보가 나왔다. 한 명은 워싱턴의 친구요, 또 한 명은 그의 정적政敵이었다. 워싱턴은 정적을 택했다. 주위에서 깜짝 놀라 그 까닭을 물었다. 워싱턴은 "나도 웬만하면 친구를 쓰고 싶었다. 분명 그와는 무슨 얘기를 해도 잘 통한다. 그러나 그에게는 행정 능력이 없다. 그 점에서는 다른 쪽이 뛰어나다. 대통령으로서 나라를 생각한다면 개인적인 정리情理에 빠질 수 없지 않겠는가" 하고 말했다.

진晉나라의 한 지방 장관이 죽었다. 그 지역은 천하의 요지였다. 따라서 후임자도 유능한 인재를 써야 했다. 평공이 조무를 불러서 이렇게 물었다.

"누가 마땅한가?"

"아무개 아들이 적임자라 생각합니다."

평공은 놀라며 물었다.

"자네와 그가 사이가 나쁜 건 온 세상이 다 아는 일이다. 그런 원수 같은 자의 아들을 어째서 추천하는가?"

"사이가 나쁜 것은 개인적인 문제이고 지방 장관을 추천하는 것은 공적인 문제입니다. 사정私情을 개입시킬 수는 없는 일입니다."

마침내 그가 추천한 아들이 장관에 임명되었다. 그의 아버지는 지금까지 자기가 조무를 원수같이 여겨온 것을 부끄럽게 생각하고 고맙다는 인사를 하기 위해 조무의 집을 찾아갔다. 조무는 활에 화살을 꽂고 달려 나와 방문객을 면박했다.

"내가 자네를 싫어한다는 사실에는 변함이 없네."

나라의 인사는 이 정도로 엄정하고 정실에 얽매이지 않아야 한다. 『묵자』에 이런 말이 있다.

"오늘날 군자라고 불리는 사람들은 입으로는 노상 능력 있는 인물을 등용하겠다고 말한다. 그러나 막상 위정자가 되어 나라를 다스리게 되면 그런 인물을 쓰려고 하지 않는다. 내가 보기에 그들은 작은 도리는 분간할 줄 알지만 큰 도리는 분간하지 못한다. 왜 그런가? 가령 위정자가 돼지를 잡아서 요리할 때는 자기가 돼지를 잡을 수 없으니 반드시 요리를 잘하는 요리사를 쓴다. 또 옷을 맞춰 입을 때는 반드시 솜씨 좋은 재봉사를 고용한다. 다시 말해서 가축을 죽이거나 옷을 만들 때는 연고, 재산, 신분, 용모 등을 따져가며 능력 없는 자를 쓰는 어리석음을 저지르지 않는다. 재료를 결딴낼까 두렵기 때문이다. 이런 때는 능력 있는 인물을 쓰려는 마음가짐을 잊지 않으면서 나라를 다스릴때는 사정이 달라진다. 연고, 신분, 용모, 성격 등만을 따지려 든다. 위정자에게 나라 일은 활이나 옷, 가축에 비하면 아무래도 좋다는 것일까. 작은 도리는 분간할줄 알아도 큰 도리는 분간하지 못한다는 나의 비판은 바로 이런 것이다. 이런 위정자의 태도는 말 못하는 사람을 외교 사절로 쓰고, 듣지 못하는 사람을 음악가로 채용하는 것과 다를 바 없다."

묵자는 이에 덧붙여 위정자가 국민을 업신여기고 아

무렇게나 인사를 하는 '천하의 해害'를 경고하기도 했다. 제갈공명은 리더의 실격 조건으로 여덟 가지를 꼽았다. 그중에서 으뜸으로 꼽히는 것은 역시 인사고과에 관한 것들이다.

1. 시비를 판단하지 못한다.
2. 유능한 인재를 제대로 대접하지 못한다.
3. 신상필벌信賞必罰의 법을 엄정히 집행하지 못한다.

『송명신언행록』에 이런 얘기가 나온다. 조보가 태조에게 크게 공을 세운 한 신하를 승진시키자고 말했다. 그러나 왠지 비위에 맞지 않는다며 평소 그를 싫어했던 태조는 이를 승낙하지 않았다. 그래도 꼭 승진시켜야 한다고 조보가 우겨대자 태조가 화를 벌컥 내면서 소리를 질렀다.

"내가 절대로 안 된다고 말한다면 어떻게 하겠는가."

그러자 조보는 조금도 굽히지 않고 이렇게 말했다.

"형刑으로써 악을 징벌하고 상賞으로써 공에 보답한다는 것은 예부터의 도리입니다. 더욱이 형벌을 주고

상을 준다는 것은 천하의 것이지 폐하 개인의 것이 아닙니다. 이를 개인적인 감정으로 좌우한다는 것은 만부당한 일입니다."

이 말을 듣고 태조는 분노를 참지 못해 자리를 박차고 일어나 안으로 들어가 버렸다. 그러나 조보는 그 뒤를 따라가 방문 밖에 서서 허락을 받을 때까지 움직이지 않겠다고 말했다. 하는 수 없이 태조는 그 인사를 허락했다. 관자에 따르면, 임금이 신하들의 인사고과를 판단할 때의 기준은 다음과 같은 세 가지다.

1. 신하가 지위에 어울리는 인격을 갖추고 있는가.
2. 신하가 봉록에 어울리는 실적을 올리고 있는가.
3. 신하가 지위에 어울리는 능력을 가지고 있는가.

인격, 실적, 능력 이 세 가지 기준에 따라 공정한 인사를 한다 해도 열 사람 가운데 한 사람에게만 상을 주거나 승진시키면 나머지 아홉 명의 원망을 사거나 사기를 떨어뜨리기 쉽다. 물론 그게 누가 봐도 당연한 인사라면 그래도 사람들이 승복할 수는 있다. 그렇지 않을 때는 리더에 대한 불만이 쌓이고, 전체적인 능률도 떨어지게 된다.

원나라의 청관淸官 장양호는 조정에서는 벼슬아치들의 권력 다툼이 심하고, 정치는 이를 데 없이 부패한 모습을 안타깝게 여겨 임금에게 정치를 어지럽히는 열 가지를 적어 상소했다.

1. 상을 헤프게 준다.
2. 형벌과 금령禁令에 빈틈이 너무 많다.
3. 명예와 감투가 흔하다.
4. 공무원들에 대한 감찰이 허술하다.
5. 토목 사업을 지나치게 많이 일으킨다.
6. 중앙 정부의 지시가 자주 변경된다.
7. 정치가 정실에 얽매여 있다.
8. 이단사설異端邪說의 무리가 판을 친다.
9. 풍기가 문란하다.
10. 인사 기준이 엉망이다.

손자도 상을 남발하는 것은 리더가 난관에 빠져 있

기 때문이며, 툭하면 벌을 주는 것도 정치를 잘못한 리더가 난처해졌기 때문이라고 보았다. 공명은 리더의 다섯 가지 과오를 이렇게 들었다.

1. 죄 있는 자를 눈감아주고 무고한 자를 괴롭힌다. 그러면 부정이 속출하고 민심이 이반하고 사기가 떨어진다.
2. 성미가 못되어 까닭 없이 툭하면 화풀이를 하고 감정을 자제하지 못한다. 그리하여 위엄과 권위를 상실한다.
3. 상벌이 공평하지 않다.
4. 명령의 집행이 철저하지 않고 자주 변경된다.
5. 공사를 혼동한다.

공명에 의하면 이 다섯 가지 과오는 통솔자로서 자격 상실일 뿐만 아니라 나라를 위험에 빠뜨리는 근원이 되기도 한다. 공명 자신은 이 원칙을 철저하게 지켰다. 그는 자기가 평소에 가장 아끼던 부하 마속이 군기를 어기자 눈물을 머금고 처형했다. 진상을 조사하기 위해 조정에서 파견 나온 조사관이 "천하가 아직 어지러운데 그처럼 유능한 인재를 죽이는 것은 너무 애석하지 않습니까"라고 책망하자 눈물을 흘리면서 아무리 유능한 인사라 하더라도 한 개인을 위해 군법을 어긴다면 나라가 어지러워진다고 설명했다. 조직을 탄탄히 하려면 규율을 지켜야 하며, 규율에는 예외가 있을 수 없다. 예외가 있으면 조직에 구멍이 나게 마련이다.

사사건건 간섭하는 오지랖

아는 것이 많다고 해서 훌륭한 리더가 되는 것은 아니다. 다재다능함을 자랑하는 것은 오히려 리더로서 무능함을 말하는 것이나 다름없다. 아무리 뛰어난 리더라고 해도 만능일 수는 없으며, 만에 하나 만능이라 해도 리더가 할 일이 있고 하지 않아도 될 일, 해서는 안 되는 일이 있다.

알렉산더 대왕은 어릴 때 하프를 배웠다. 언젠가 그가 음악 선생이 켜라는 현을 켜지 않고, 엉뚱하게 다른 현을 가리키며 물었다.

"이 현을 켜면 안 되겠느냐?"

그러자 선생이 이렇게 대답했다.

"하프 연주자가 되시겠다면 몰라도 장차 왕이 되시려는 분에게는 별 상관이 없습니다."

이런 얘기도 있다. 안티고노스 왕 앞에서 어느 유명한 하프 연주자가 연주를 하고 있는데 왕이 번번이 이렇게 해봐라, 저렇게 해봐라 하고 참견을 했다. 그러자 하프 연주자가 화를 내면서 다음과 같이 말했다.

"폐하, 이런 악기 연주에 대해서까지 폐하께서 저보다 잘 아신다면 이 나라에 얼마나 딱한 일이겠습니까."

관자가 말하는 못된 리더의 하나가 노주勞主였다. 위아래가 할 일이 따로 있는데, 아랫사람이 할 일까지 참견하는 리더를 말한다. 그런 리더는 위아래로 할 일이 많아지니까 자기도 모르게 큰 실수를 저지른다.

어리석은 통치자일수록 예술이나 스포츠에도 뛰어난 듯이 뽐내기를 좋아한다. 통치자는 정치만 잘하면 된다. 서예에 뛰어나다고 해서 정치를 잘하는 것은 아니며, 통치자로서 격이 올라가는 것도 아니다. 헬무트 슈미트 전 독일 총리는 바흐의 피아노 협주곡 연주를 음반으로 낼 만큼 피아노 연주 솜씨가 프로급이었다. 그러나 그런 재주 때문에 정치가로서 그가 얻은 평가가 더 높아진 것은 아니었다. 클린턴 대통령도 테너 색소폰을 잘 불었지만 대통령직을 수행하면서는 별로 연주하는 일이 없었다. 대통령으로서의 위신에 마이너스가 된다는 것을 깨달았기 때문이다.

어느 날 그리스의 한 통치자가 시원찮은 그림을 칭찬하고, 공들여 그린 훌륭한 작품을 비판하자 화방의 조수들이 그를 비웃었다. 화가가 그에게 말해주었다.

"차라리 입을 다물고 계셨더라면 이 조수 놈들이 당신의 안목이 높은 줄 알았을 것입니다. 자기가 잘 모르는 것에 대해서는 말하지 않는 게 좋습니다."

공명은 재덕才德을 겸비한 리더였다. 그러나 그는 하나부터 열까지 자기가 직접 챙겨야 직성이 풀리는 성격이었다. 부하를 믿지 못해서라기보다는 자기가 모든 것을 돌봐야 마음이 놓였다. 언젠가 공명이 자기와 전쟁 중이던 적군의 대장 사마중달에게 사자를 보냈다. 중달은 공명의 일상생활에 대해 사자에게 넌지시 물어보았다. 그러자 사자가 자랑 삼아 대답했다.

"정승께서는 아침 일찍 일어나시고 밤늦게야 잠에 드십니다. 곤장 20대 이상의 범죄자는 직접 취조하십니다. 그런 고로 심히 피곤해 하시고, 식사도 제대로 못 하고 계십니다."

이 말을 듣자 중달은 회심의 미소를 지었다. 이대로 가면 피로가 쌓여 공명이 얼마 더 살지 못하리라 점친 것이다. 과연 공명은 얼마 후에 병으로 죽었다. 공명은 뛰어난 군사軍師이기는 했지만 관자가 말한 망주芒主에 가까웠던 모양이다. 망주는 모두가 자기만 못하다고 여기다 보니 마음 놓고 일을 맡길 만한 부하가 하나도 없다. 하나부터 열까지 자기 손이 가야 안심한다. 그 결과는 노주의 경우와 같다.

"훌륭한 리더란 해야 할 일을 안심하고 맡길 만큼 유능한 인재를 골라내는 눈이 있고, 또 그들이 일하는 동안 참견하지 않을 만큼의 자제력을 가진 사람이다."

시어도어 루스벨트 대통령의 말이다. 리더가 부하들에게 일을 맡긴 다음에도 참견하거나 간섭하는 것은 부하가 하는 일이 미덥지 않다고 생각하기 때문이다. 그렇게 미덥지 못하다면 처음부터 그런 부하를 쓰지 말거나 일을 맡기지 말아야 한다. 중국의 속담에 "의심한다면 쓰지 말고, 쓴다면 의심하지 마라"는 말이 있다. 부하를 철저하게 신뢰한다면, 부하는 반드시 그를 따를 것이다. 반면에 부하가 충분히 할 수 있는 일을 그에게 완전히 맡기지 않는다면, 부하는 리더를 따르지 않고 게을러질 것이다.

어느 신문사에 기자가 써 오는 기사를 언제나 새빨갛게 고치기를 좋아하는 부장이 있었다. 부하가 잘못 써서가 아니라 부장으로서의 권위를 보이기 위해 고치지 않아도 되는 것까지 손을 댔다. 그러자 그 기자는 아무리 잘 써도 어차피 부장이 손을 볼 거라는 생각에 글 쓰는 데 공을 안 들이게 됐다.

공자의 제자인 자천이 노나라의 애공 때 지방 장관이 되었다. 자천은 애공이 옹졸한 소인배들의 고자질에 현혹되어 이래라 저래라 참견할까 두려웠다. 궁리 끝에 그는 일부러 공에게서 측근 두 명을 차출 받아 부임했다. 임지에 도착하자 그는 그 둘에게 서류를 쓰라고 명령하고 자기는 옆에 앉아서 그들의 팔목을 툭툭 쳤다. 그러니 글씨가 엉망이 될 수밖에 없었다. 그들이 낸 서류를 받아들고 자천은 글씨가 엉망이라고 질책했다. 참다못한 두 사람은 사표를 내던지고 수도에 돌아가자마자 애공에게 사실 그대로 고자질을 했다. 이를 듣고 난 다음 애공이 탄식하며 말했다.

"그것은 나에 대한 자천의 간언일 것이다. 내가 지금까지 그가 하는 일에 너무 참견을 하고, 마음대로 일을 하지 못하게 해왔는지도 모르겠다."

그리하여 애공은 신뢰하는 부하를 보내 자천에게 다음과 같이 알리도록 했다.

"앞으로는 네 마음대로 다 해라. 나는 결코 방해하지 않겠다."

그 후부터 자천은 자기 뜻대로 정치를 하고 많은 업적을 남겼다. 『여씨춘추』에 나오는 얘기다.

감언이설

관자가 나라를 망치는 리더로 꼽은 유형 가운데 또 하나 침주侵主가 있다. 마음 내키는 대로 정치를 하려고 드는 리더를 말한다. 이런 리더는 아랫사람의 의견을 묻지도 않고 즉흥적인 결정을 내린다. 자기가 알지 못하는 일에 대해서도 아는 체를 하고, 혹 밑에서 반대 의견이 나오면 마치 자기 권위가 무시당한 것처럼 여긴다. 그래서 더욱 아랫사람들의 입을 틀어막는다. 순리로 안 될 것 같은 때는 특별 입법 운운하며 법을 제멋대로 뜯어고치기까지 한다. 망주도 사람들의 말을 듣지 않고 침주와 마찬가지로 자기 욕심대로 정치를 하려 든다. 앞뒤 가리지 않고, 나라 안팎 사정도 돌보지 않다 보니 나라가 어지러워질 수밖에 없다.

위나라의 문공이 어느 날 신하들을 모아놓고 한 사람씩 "내가 훌륭한 임금이라 여기는가" 하고 물었다. 신하들은 차례대로 "과연 훌륭한 임금이십니다" 하고 대답했다. 그런데 한 신하가 "훌륭한 임금이 못 되십니다. 전하께서는 이따금 큰일과 작은 일의 판단을 그르치십니다" 하는 것이 아닌가. 그 말에 문공의 얼굴이 붉어졌다. 신하의 말은 여기서 끝나지 않았다.

"전하께서는 인물을 잘못 보실 때도 있습니다."

이 말을 듣자마자 노기가 충천한 문공은 "당장 여기서 나가라"며 호통을 치고 그를 궁정에서 내쫓아버렸다. 문공은 노기가 풀리지 않은 채로 다음 자리에 앉아 있던 임좌에게 "너는 어떻게 생각하느냐?" 하고 물었다. 임좌는 거침없이 "훌륭한 임금이십니다"라고 대답했다. 그 말을 듣고 다소 마음이 풀린 문공은 그 이유를 물었다. 임좌는 "훌륭한 임금이시니 아까처럼 자기가 옳다고 여기는 것을 용기 있게 직언할 수 있는 신하가 있는 것 아니겠습니까. 나쁜 임금이라면 그런 직언을 하는 신하가 없을 것입니다"라고 대답했다. 이 말을 듣고 문공은 "과연 잘 말해줬구나" 하며 뉘우치고는 자기가 내쫓은 신하를 다시 불러들였다. 이야기는 이렇게 해피엔딩으로 끝나지만 문공만 한 리더가 그리 흔한 건 아니다.

아이젠하워 대통령이 보좌관 윌리엄 브래그 에월드와 함께 책을 쓰고 있을 때였다. 그는 기록에 남길 만한 업적이 생각나서 그 사실을 책에 넣자고 주장했다. 에월드는 대통령의 기억이 잘못되었으며, 대통령은 그런 일을 한 적이 없다는 것을 관계 문서를 보여주며 증명했다. 그런데도 대통령은 자기 기억이 틀리지 않다고 우겼다. 그러고는 얼굴이 붉어지더니 의자에서 벌떡 일어나 노기 띤 얼굴로 방을 나갔다. 젊은 보좌관은 자기가 틀림없이 당장에 면직될 거라 생각했다. 기록이 잘못되었을 수도 있고 대통령이 옳을 수도 있다고 생각하고 있는데, 아이젠하워가 다시 들어와 이렇게 말했다.

"기록이 그렇게 되어 있다면 기록대로 써야지."

아이젠하워 같은 온후한 리더도 귀에 거슬리는 말은 듣기 싫어했다. 이렇게 권력자는 자기도 모르는 사이에 언로를 봉쇄하게 된다.

전 시카고 시장 리처드 데일리는 보스 기질이 강한 사람이었다. 그의 밑에서 공보 비서를 했던 프랭크 설리번이 나중에 이렇게 회상했다.

"한 사람에게 권력이 과하게 집중된 정치 제도 아래에서는 그의 친구, 지지자, 부하들이 좀처럼 입을 열지 않는다. 우선 그들이 입을 여는 것을 보스가 좋아하지 않으며, 둘째로 모든 책임을 그에게 맡기는 편이 좋기 때문이다."

싫은 소리를 듣기 좋아하는 사람은 별로 없다. 아무리 훌륭한 리더라도, 그리고 아무리 옳은 소리라도 충고할 때는 조심해야 한다.『맹자』에 이런 말이 나온다.

"군주의 친척인 대신은 군주에게 중대한 과실이 있으면 간할 수 있다. 그러나 친척이 아닌 대신은 잠자코 있는다."

자칫 무슨 화를 당할지 모르니 조심한다는 뜻이다.

"세 번 간해서 듣지 않으면 도망간다."

『예기』에 나오는 말이다.『사기』에도 "신하가 임금에게 세 번 간해서 듣지 않으면 의義를 가지고 떠난다"

는 글이 있다. 신하는 세 번까지는 간해야 한다. 다만 세 번째 간할 때는 사표를 낼 각오를 해야 한다. 세 번 씩이나 말하는데도 듣지 않을 정도의 리더라면 뒤끝이 좋을 턱이 없다. 또한 그런 리더에게 충성을 바칠 필요도 없다.

순자도 "도道를 따를 뿐 군君을 따르지 않는다"고 말했다. 임금이 잘못을 범하면 그의 뜻을 거역하더라도 도를 따라 충언해야 한다는 뜻이다. 충언에도 요령이 있다. 아무리 좋은 말이라도 함부로 해서는 안 된다. 옳은 말을 좋게 받아들이도록 하는 조심스러움과 기술이 필요하다. 이집트의 왕이 어느 날 밤에 자기 이가 모두 빠지는 꿈을 꾸었다. 그게 마음에 걸려 점쟁이에게 꿈 풀이를 시켰다. 점쟁이는 왕의 장수를 축하하면서 이렇게 말했다.

"폐하와 가까운 사람들은 모두 폐하보다 먼저 죽고, 폐하 다음에 살아남는 사람은 한 명도 없을 것입니다."

이 말을 듣고 화가 난 왕은 점쟁이에게 매질을 해서 내쫓으라는 명령을 내렸다. 그러고는 또 다른 점쟁이를 불러들였다. 새 점쟁이는 "임금님은 어느 누구보다도 장수하실 겁니다"라고 했다. 매우 만족한 왕은 그를 융숭하게 대접하고 보냈다. 한 신하가 왕에게 물었다. 두 사람의 풀이가 사실은 똑같은 게 아니냐고. 그러자 왕은 "뜻은 같지만 표현이 전혀 다르다. 마음속으로 진짜 나의 장수를 바라는지 아닌지에 따라 표현도 달라진다"며 두 사람을 구별했다.

미국은 민주적이며 권위주의가 덜한 나라라고들 한다. 그런 나라의 대통령도 어느 사이엔가 구름 위의 존재같이 변한다. 대통령에게 자기 의견을 당당하게 주장할 만한 줏대 있는 사람들이 주변에 없기 때문이다. '예스맨'에게 둘러싸이다 보면 점차 '노맨'을 멀리하고 자기 권위를 즐기게 된다. 그래서 이런 유머까지 나왔다. 어느 화창한 봄날 오후에 워싱턴의 포토맥 강에서 한 남자가 보트를 타고 있었다. 그 남자는 노를 저으면서 "노! 노! 노!"라고 외쳤다. 이를 목격한 어느 관광객이 순찰 경관에게 달려가 수상한 남자가 있다고 알렸다. 그러자 경관은 빙그레 웃으면서 대답했다.

"별일 아닙니다."

"저 사람 정신 이상자 아닙니까?"

"아닙니다. 저 사람은 백악관의 예스맨인데, 오늘 마침 휴가거든요"

이런 말도 있다. 청와대의 회의실에 들어간 사람은 모두 묘한 전염병에 걸린다고 한다. 일종의 심각한 언어 장애를 일으키는 병인데, 이 병에 걸리면 사람들은 '노'라는 말을 잊어버린다는 것이다. 대단히 현명하다는 케네디도 좀처럼 자기 생각을 바꾸려 하지 않았다. 그럴 때는 "그것은 닉슨이나 생각할 만한 일입니다"라고 돌려 말하면 효과가 있었다고 한다. 케네디는 닉슨이 머리가 매우 나쁘다고 여겼기 때문이다. 케네디 주변에는 다행스럽게도 이런 꾀 많은 참모와 장관들이 있었다. 이처럼 충언에는 요령이 필요하다. 리더의 인품이나 성격에 따라 조언하는 방식도 달라져야 한다.

레이건 대통령은 고집이 세고, 한 번 정한 것은 좀처럼 바꾸려 하지 않았으며, 남에게 설득당하는 것도 좋아하지 않았다. 그래서 보좌관들은 마치 레이건의 의견을 변경하는 것이 아니라 부분적으로 수정, 보완하는 것인 양 믿게 만들었다. 윗사람에게 충언할 때 가장 조심해야 하는 것은 윗사람의 비위를 건드려서는 안 된다는 것이다. 어느 사장이 거래처로부터 무례한 편지를 받았다. 편지를 읽고 격노한 사장이 "당신들 마음대로 하라고 답장 써!"라고 비서에게 명령한다면, 이때 비서가 취할 수 있는 방법은 네 가지가 있다.

1. 사장의 명령을 묵살한다.
2. 명령에 따라 편지를 쓴다.
3. 그 자리에서 사장에게 충고한다.
4. 사장이 냉정해질 때까지 기다린다.

이 중 제일 좋은 것은 4번이며 가장 나쁜 것은 3번이다. 리더는 만능이 아니다. 따라서 모든 것을 혼자 다 해낼 수 있다고 생각하는 것처럼 어리석은 일도 없다. 다른 사람들의 의견을 묻고 두루 자문을 구하지 않는 사람은 그만큼 그릇이 작은 것이다. 남에게 묻는다고 자기 권위가 떨어지는 것은 결코 아니다.

가령 대통령이 북한에 쌀을 보내는 문제에 관해 야당 대표들과 한자리에 앉아 의논을 한다고 하자. 또는 상무가 라이벌인 다른 임원에게 솔직하게 자기 고민을 털어놓고 "당신 의견은 어떻습니까?"라고 허리를 굽히며 도움을 청한다고 하자. 혹은 부장이 젊은 과장에게 고압적인 상사 티를 버리고 대폿잔이라도 나누며 기탄없이 의견을 교환한다고 하자. 이럴 때 그의 청을 거절하거나 일부러 그릇된 의견을 내놓거나 옳지 않은 조언을 할 사람은 없을 것이다. 이런 것이 참다운 리더십이다.

4장

리더십의 재구성

적재를 적소에

현대에 이르러 사람을 이끄는 기술은 과거 어느 때보다도 다양해졌다. 특히 텔레비전과 인터넷은 선전의 천재 히틀러가 부러워할 정도로 여론 조작을 쉽게 만들었다. 그러나 리더십의 본질은 동서를 막론하고 예나 지금이나 다름이 없다. 있다면 격변하는 상황에서 필요로 하는 리더와 안정된 사회가 바라는 리더가 다르다는 것뿐이다.

다시 말해서 상황에 따라 리더십의 유형이 달라질 수는 있지만, 기본 조건에는 변함이 없다는 뜻이다. 리더십은 언제나 기본적으로 포용력, 통솔력, 결단력이라는 세 요소로 구성된다. 리더가 이 세 요소를 얼마나 충족시킬 수 있느냐에 따라서 조직의 힘이 커지기도 하고 약해지기도 한다. 훌륭한 리더란 이 세 가지를 모두 갖춘 사람을 말한다.

뛰어난 리더는 무엇보다도 먼저 구성원들에게 일할 마음을 일으킨다. 휴렛패커드의 창업자 빌 휴렛은 이렇게 말한 적이 있다.

"모든 사람이 창조적이고 보람 있는 일을 하기를 원한다. 그들에게 적절한 근무 환경을 제공하면 자진해서 능동적으로 그렇게 일할 것이다."

리더의 능력은 바로 그렇게 능동적으로 일하고 싶은 환경을 만들어주는 것이다.

카터 대통령은 부하 직원들이 자기 앞에서 여러 가지 정책을 둘러싸고 격론을 벌이는 것을 좋아했다. 그러나 부하 직원들은 그렇지 않았다. 자신들이 장난감 취급을 받는 것 같았기 때문이다. 대통령은 자기 의견과 반대되는 의견을 내놓으라며 토론을 종용했지만, 어느 쪽이 채택될지는 이미 정해져 있는 것이나 다름없었다. 그러니까 부하 직원들은 채택되지 않는다는 걸 뻔히 알면서도 천연덕스레 반대 의견을 내며 토론을 벌여야 했던 것이다. 사람들의 불만은 점점 커져갔다. 더불어 정부와 백악관 안에서 카터의 리더십에 대한 의문도 커져갔다.

한나라의 고조 유방은 행정의 소하, 전략의 장량, 군사의 한신과 같은 인물이 모두 자기가 따라가지 못할 만큼 뛰어난 재능의 소유자라는 것을 잘 알고 있었다. 그는 이들이 재능을 십분 발휘할 수 있도록 해주었다. 그는 아랫사람의 장점을 키워줄 줄 아는 뛰어난 리더였던 것이다. 초나라의 항우 밑에도 뛰어난 부하들이 많이 모여 있었다. 그러나 항우는 부하들의 재능을 시기하고, 이들의 인기가 자신을 능가할까 두려워 이들이 재능을 충분히 발휘하지 못하게 했다. 그 결과 그는 유방과의 싸움에서 졌다.

훌륭한 리더란 자기보다 재능이 있는 부하들을 많이 거느리고, 이들이 자신의 능력을 충분히 발휘할 수 있게 하는 사람이다. 이런 사람 밑에는 자연 뛰어난 부하들이 몰려든다. 리더 자격이 없는 사람은 부하들이 자기보다 일을 더 잘하는 것을 두려워하고 그들에게 인기가 집중될까 겁내며, 그들에게 능력을 발휘할 기회를 주지 않으려 한다. 그렇게 되면 결국 조직 전체가 좋은 성과를 내지 못한다.

공자는 "군자는 사람의 미美를 성成한다. 소인은 그 반대다"라고 했다. 군자, 곧 훌륭한 리더는 부하의 장점을 키워주고, 그 장점을 이루도록 하며 결점은 없애도록 도와준다. 그러나 못난 리더는 부하의 결점이 돋보이게 하고, 모처럼의 장점도 자라지 못하도록 짓누른다는 뜻이다.

유명한 아우스터리츠의 싸움이 있기 전날 밤에 나폴레옹은 병사들이 쉬고 있는 막사를 친히 둘러보았다. 병사들에게 농을 던지기도 하며 그들의 노고를 치하했다. 다음 날 틀림없이 우리가 이길 거라고 안심도 시키고, 부상자들이 신속하게 치료받을 수 있도록 어떤 조치를 취했는지 알려주기도 했다. 그러자 한 병사가 감동한 어조로 말했다.

"우리에게 약속해주십시오. 폐하께서는 반드시 포화의 사정거리 밖에 계시겠다고."

사람을 쓴다는 것은 부려먹는 것이 아니라 적절하게 대접하는 것이다. 어느 기업체에 대단한 일꾼이 있었다. 그는 여러 해 동안 회장을 정성스레 모셨다. 회사를 위하는 마음도 있었고, 회장의 인간성에 매료되었기 때문이기도 했다. 어느덧 회장의 아들이 장성하여 회사 경영에 참여하게 되었다. 아들이 볼 때 그는 구세대에 속했다. 못마땅하게 여겨지는 부분이 한두 가지가 아니었다. 아들은 아버지에게 은근히 그에 대해 불평을 했다. 그럴 때마다 아버지는 아들에게 이렇게 타일렀다.

"그는 나의 단순한 부하가 아니다. 그는 나와 몇 십 년 동안이나 고락을 같이한 동업자이자 공로자이다. 그러니 내가 물러난 다음에도 그에게는 깍듯이 대접해야 한다."

이 말은 자연히 그의 귀에도 들어갔다. 회장이 기회가 있을 때마다 사람들 앞에서 자기를 '동업자'라고 거침없이 말하는 것을 그는 여러 번 들었다. 빈말이 아님을 그는 너무나도 잘 알고 있었다. 이는 어떤 회사의 회장이 자기네 사장을 두고 '머슴'이라고 거침없이 말하는 것과는 너무나 대조되는 얘기다. 한편 회장의 젊은 아들도 몇 년을 현장에서 일하고 보니 이론과 실제가 상당히 어긋난다는 것을 깨닫게 되었다. 지금까지는 결점만 보이던 그에게서 장점이 보이기 시작했다. 또 자기 아버지에게 왜 그가 꼭 필요한 존재였는지도 깨닫게 되었다.

셰익스피어의 『안토니오와 클레오파트라』에서 안토니오는 "우리는 마음에 맞는 일을 할 때는 새벽부터 일어나 기꺼이 일하러 나간다"라고 말했다. 『오텔로』에서도 이아고가 "신바람이 나서 일할 때는 시간 가는 줄도 모른다"라고 말하는 장면이 나온다.

리더십이란 한마디로 사람들로 하여금 '자발적'으로 따르게 하고, 신바람이 나서 일하게 만드는 능력이다. 중국의 춘추전국시대에 한 병사가 적의 화살에 맞아 쓰러졌다. 싸움이 끝나고 부상병들을 돌아보던 장군이 그 병사의 다리가 곪아 있는 것을 발견하고는 그 자리에서 입으로 고름을 빨아서 빼냈다. 나중에 이 얘기를 들은 병사의 어머니는 "이제 내 아들은 죽었다"며 한탄했다. 부하를 사랑하는 장군의 마음에 감동한 아들이 앞으로는 더욱 목숨을 걸고 싸울 것이라 짐작했기 때문이다.

사람을 쓸 때 중요한 것은 적재適材를 적소適所에 쓰는 일이다. 우수한 인재에게 하찮은 일을 하게 한다[大器小用]든가 하찮은 인물에게 큰일을 시키는[小器大用] 것처럼 엄청난 손실은 없다. 또 한비자의 말대로 닭에게는 새벽 시간을 알리게 하고, 고양이에게는 쥐를 잡게 해야 한다. 척단촌장尺短寸長이라는 말이 있다. 척은 33센티미터 남짓하고 촌은 3센티미터가 조금 넘는다. 촌에 비기면 척은 열 배나 길다. 그런 척도 짧아서 못 쓸 때가 있는가 하면, 짧은 촌이 너무 길다고 느껴질 때가 있다는 뜻이다. 어느 자리에나 완전무결하게 들어맞는 인물은 찾기 어렵다. 그렇다고 마땅한 인물이 없다고 자리를 마냥 비워둘 수도 없다. 사람은 쓰기 나름이다.

서툰 목수는 재목 탓을 한다. 하자가 조금이라도 있으면 나무를 버린다. 훌륭한 목수는 나무의 나쁜 부분은 잘라버리고 좋은 부분을 살려가며 쓴다. 좋은 목수는 나무 탓을 하지 않는다. 모든 나무가 다 결이 좋은 것은 아니다. 옹이 하나도 없고 조금도 비뚤어지지 않은 나무를 구하기란 여간 어려운 일이 아니다. 자사도

"얼핏 봐서 나빠 보이는 나무도 나쁜 부분만 베어버리면 얼마든지 쓸모 있는 재목이 된다"고 했다. 자사가 위나라의 임금에게 한 인물을 천거한 적이 있다. 알고 보니 그는 과거 벼슬자리에 있을 때 백성들에게 계란을 두 알씩 공출하여 착복한 적이 있었다. 위공은 자사를 불러 하필이면 왜 그런 인물을 천거했느냐고 힐난했다. 자사는 흠 없는 사람이 어디 있겠느냐고 대답했다.

흠이 있든 없든 쓰는 사람에게 달려 있다. 물론 아무리 잘 쓰려 해도 도저히 쓸모가 없는 사람도 있다. 그런 사람이 가지고 있는 쥐꼬리만 한 재주를 아껴서 쓰려다 크게 낭패를 보는 수도 있다. 전국시대 제자백가의 한 사람인 양주가 왕에게 말했다.

"천하를 다스린다는 것은 손바닥을 뒤집는 것만큼 쉽습니다."

"선생은 자기 집조차 다스리지 못하고 논 몇 마지기도 가꾸지 못하면서 무슨 큰소리인가?"

"전하는 양치기 소년이 작대기 하나로 백 마리의 양을 다스리는 것을 못 보셨습니까? 그것은 요순 같은 성인도 못 하는 일입니다. 큰일을 하는 능력과 작은 일

을 하는 능력이 다르기 때문입니다. 농사를 잘 짓는다
고 해서 장사를 잘할 수 있는 것은 아니며, 계산을 잘
한다고 해서 나라 경영을 잘할 수 있는 것도 아닙니다.
공자도 집안을 다스리지 못해 아내가 도망가지 않았습
니까?"

『열자』에 나오는 얘기다.

커뮤니케이션

리더십을 효과적으로 발휘하기 위해서는 위아래의 의사소통이 원활해야 한다. 처칠은 겉으로는 매우 무뚝뚝해 보였지만 보좌관이나 비서들을 완전히 신뢰하여 마치 한 가족인 듯한 느낌을 주었다. 친밀함 속에서 서로 신뢰하는 분위기를 만들기 위해 사무실 밖에서 자주 어울리는 기회를 가졌다. 그것이 자신의 리더십과 직결된다고 믿었기 때문이다. 그는 군수부장관이었을 때 장교 60~70명으로 구성된 오찬 클럽을 조직했다. 그것은 단순히 자신과 부하 장교들의 교류를 위해서만이 아니라, 장교들끼리 더욱 친해져 마찰이 줄어들게 하기 위해서이기도 했다.

리더십 전문가 래리 도니손은 사람을 움직이는 효과적인 팀 심리학을 다음의 일곱 가지로 설명했다.

1. 능력 있는 팀의 리더는 무엇보다 구성원들에게 마음에서 우러나는 깊은 배려를 한다. 이를 위해서는 열린 마음으로 진정한 소통을 하고, 상대방의 의견이 아무리 엉뚱해도 경청할 수 있어야 한다.

2. 능력 있는 리더는 조직의 성공으로 얻은 대가를 공평하게 나눠 가져 구성원들이 일에 집중하게 한다. 구성원들에게 성공에 공헌했다는 만족감과 성취감을 안겨준다.

3. 리더는 팀의 공동 목표를 설정한다. 그 목표의 달성도에 따라 각자의 평가가 이뤄진다는 것을 강조한다면, 이를 위해 구성원들이 협력하지 않을 수 없다.

4. 높은 성과를 내는 팀의 리더는 구성원들이 자발적으로 문제를 분석하고, 해결책을 제시하도록 격려한다. 그는 상호 소통하는 분위기를 조성해 구성원들 사이의 차이점들이 공통의 이해를 증진시키는

쪽으로 모아질 수 있게 한다.

5. 높은 성과를 내는 팀의 리더는 지시를 할 때 모두가 사정을 잘 파악할 수 있도록 의문을 해소하는 기회도 함께 제공한다. 그 결과 모든 구성원이 무엇을, 왜 해야만 하는가를 확실히 이해할 수 있게 된다.

6. 리더는 개방적인 커뮤니케이션 환경을 조성해 구성원들이 자진해서 서로 돕는 환경을 만든다. 여기에는 팀의 결속력과 충성심이 그대로 반영된다.

7. 팀 구성원들의 능력 평가는 리더와 구성원 쌍방이 합의한 기준에 의거한다. 평가 과정에서도 커뮤니케이션은 양방향으로 이루어진다.

공자가 열거한 리더의 네 가지 악惡도 대부분 위정자와 국민, 리더와 구성원 사이의 커뮤니케이션 단절에 관한 것이었다.

"첫째로 사회 계몽은 거들떠보지도 않은 채 나쁜 짓을 했다느니 법을 어겼다느니 하면서 인민을 처벌하기만 한다. 이것이야말로 잔학殘虐이 아니고 무엇이겠는

가. 둘째로 적절하게 지도하지도 않고, 덮어놓고 실적만 올리라고 강요한다. 그것은 무리無理다. 셋째로 확실하게 명령을 내리지 않거나 꼭 실행해야 한다는 의사 없이 명령만 내린 다음 어느 날 갑자기 실행 여부를 확인하고 책임을 묻는다. 이것은 비도非道다. 넷째로 마땅히 베풀어야 할 것을 베풀지 않으려고 머무적거린다. 이것은 소인배의 관료 근성이다."

미국의 육군사관학교는 가장 철저하게 리더십 교육을 실시하는 곳이다. 여기서는 생도들에게 다음과 같은 열다섯 가지 실천 원칙을 강조한다.

1. 리더는 빠른 시일 안에 부하에게 군인이 지켜야 할 최고의 가치에 대한 책임을 명시할 것. 스스로 이 가치를 지키고 부하에게도 이를 지키도록 독려할 것.
2. 리더는 부하에 대한 기대를 분명히 하고, 힘은 들지만 달성 가능한 기준을 설정하는 것이 부하에 대한 신뢰를 보여주는 일임을 자각할 것. 부하가 어떻게 하면 그 기대에 부응할 수 있을지 도움을

주고, 성과에 대해 피드백하고, 최종적으로 부하가 책임감 있게 실행할 수 있게 할 것.

3. 리더는 부하의 존경과 신뢰 속에서 부하가 자기 일을 해내겠다는 의욕을 가질 수 있도록 노력할 것. 언제나 공손한 태도로 사람을 다루고, 자기 행동에 대한 높은 수준의 규범을 엄격히 지켜 이와 같은 신뢰를 얻을 것.

4. 리더는 부하의 욕구를 충족시키고, 부하가 목표 달성에 크게 공헌할 수 있도록 할 것.

5. 리더는 솔선해서 자유로운 상호 커뮤니케이션을 촉진할 것.

6. 리더는 부하에게 일에 대한 이론적 근거를 줄 것. 그런 다음에는 이론적 근거 없이도 일을 지시할 수 있을 만한 신뢰 관계를 구축할 것.

7. 리더는 부하의 자부심을 고무할 것. 이를 위해 적극적인 피드백을 하고, 부하가 성공하지 못할 상황을 배제하고, 부하의 품격을 떨어뜨리는 일을 거부하고, 부하가 현실적으로 의미 있는 목표를 설정하는 데 도움을 줄 것.

8. 리더는 맹목적인 추종 이상을 부하에게 요구하고, 임무 달성을 독려하기 위해 부하의 지식, 진취성, 기술, 이해력, 판단력을 끌어낼 것.

9. 리더는 부하의 희생을 통해 특권과 만족감을 얻으려 해서는 안 되며, 필요한 경우에는 부하와 함께 고통을 감수할 것.

10. 리더는 부하의 실수를 용인하고 부하로 하여금 경험을 통해 배울 기회를 줄 것.

11. 리더는 사람들 앞에서는 부하를 칭찬하고, 사람들 눈을 피해서 나무랄 것.

12. 리더는 필요하다면 벌을 주되 벌을 줄 때는 다음 사항에 유념할 것. 신속히 할 것. 방법과 정도가 부하의 실패에 대하여 타당할 것. 부하의 인간성이 아니라 행위에 대한 벌이어야 할 것. 장래 부하가 똑같은 과오를 저지르지 않도록 하기 위함일 것.

13. 리더와 부하는 서로 상대방의 가치관과 인간으로서의 존엄에 경의를 표하고, 그 마음가짐을 행동으로 나타낼 것.

14. 부하는 리더의 결정이 (법과 도의에 맞는다는 가정하

에) 성공적으로 이행되도록 할 것. 결정이 내려지기 전에는 성의 있게 조언을 하고, 결정이 내려진 다음에는 그것을 지지하고 실행하는 데 전력투구할 것.

15. 부하는 리더가 때로 위와 같은 원칙을 따르지 않는다고 해도 협력을 아끼지 말 것.

뛰어난 리더와 그렇지 못한 리더의 차이는 부하가 실수를 저질렀을 때 나타난다. IBM의 설립자이자 40년 이상 회사를 이끈 토머스 왓슨이 회장일 때 한 간부가 모험적인 사업을 벌이다 1천만 달러 이상의 손해를 보았다. 토머스 왓슨이 그 간부를 방으로 불렀다. 틀림없이 사표를 내라고 할 거라 짐작한 그 간부는 "제 사표를 원하시겠죠"라고 선수를 쳤다. 그러자 왓슨은 "지금 자네는 농담을 하자는 건가? 우리는 자네를 교육시키는 데 1천만 달러 이상을 투자했네"라고 말했다.

아무리 유능한 인재라 해도 실수할 수 있다. 따라서 한두 번의 잘못으로 사람을 평가해서는 안 된다. 리더는 실수한 부하에게는 명예를 회복할 충분한 기회를

줘야 한다. 물론 야단을 쳐야 할 때에는 쳐야 한다. 온
정주의는 금물이다. 무사 안일주의로 흐르기 십상이기
때문이다.

리더는 문턱을 낮추고 부하와 자주 대화를 나눠야
한다. 또한 부하들이 긍지와 보람을 느끼게 하고 신바
람 나서 일하게 해야 한다. 리더로서 가장 못된 것은
덮어놓고 위압하는 권위 의식이다.

미술사학자 최순우가 국립박물관의 미술 과장이었
을 때 직원들과 함께 박물관 뒤뜰에서 수장품 정리를
하고 있었다. 때마침 산책길에 나선 이승만 대통령이
먼발치에서 이를 보고 호기심에 무엇을 하고 있는지
알아보라고 비서에게 일렀다. 비서가 최과장에게 와서
얘기를 들은 다음 대통령에게 보고했다. 곧이어 대통
령은 그 수장품을 보고 싶다며 비서를 최과장에게 보
냈다. 최과장은 박물관 수장품은 장관이나 관장의 허
가 없이는 함부로 옮길 수 없다며 거절했다. 정 보고
싶으면 와서 보라는 것이었다. 비서는 최과장의 말을
그대로 전하는 수밖에 없었다. 그러자 대통령은 "그렇
다면 내가 가서 봐야겠군" 하며 직접 걸어가 최과장에

게 수장품을 보여달라고 부탁했다. 대통령의 이러한 태도 덕분에 최순우 과장은 전문가로서 더욱 긍지를 느끼고 일할 수 있었다.

부하들이 보수, 승진 등 현실적인 반대급부만을 바라고 리더의 명령을 따르는 것은 아니다. 그들은 심리적, 감정적, 인간적 교감을 원한다. 부하들의 사기는 리더가 일할 맛을 느끼게 해줄 때 가장 높이 올라간다.

"좋은 행위를 했는데 칭찬하지 않은 채 죽인다면, 그 뒤를 따르는 무수한 좋은 행위들을 죽이게 된다."

셰익스피어 소네트의 한 구절이다.

사람 보는 눈

리더십의 기본은 다음과 같이 요약된다.

첫째, 사람을 볼 줄 안다.

둘째, 사람을 쓸 줄 안다.

셋째, 사람의 말을 들을 줄 안다.

넷째, 사람을 움직일 줄 안다.

다섯째, 이 네 가지를 바탕으로 실천할 줄 안다.

남북전쟁 때 남부의 대통령 제퍼슨 데이비스가 로버트 리 장군에게 어떤 장교에 대한 의견을 물었다. 리 장군이 대답했다.

"저는 그가 유능한 장교라고 생각합니다."

이 말을 듣고 옆에 있던 그의 부관이 말했다.

"농담이시겠지요. 그는 늘 장군님을 나쁘게 말하고 돌아다녔는데요."

그러자 리 장군이 다음과 같이 대답했다.

"대통령께서는 그 장교에 대한 나의 의견을 물으셨지 나에 대한 그 장교의 의견을 물으시진 않았다."

마키아벨리는 『군주론』에서 이렇게 말했다.

"군주가 명성을 얻는 것은 군주 자신의 소질에 의해서가 아니라 측근의 훌륭한 조언에 의해서라는 의견이 있지만, 이 생각은 잘못되었다. 군주 자신이 현명하지 않다면 훌륭한 조언도 받아들여지지 않는다. 물론 여기에는 예외가 있다. 어쩌다 지극히 뛰어난 측근이 있어 군주가 만사를 그에게 위임할 때는 얘기가 다르다. 다만 이런 경우는 오래 가지 않는다."

같은 책에서 그는 또 이렇게 말하기도 했다.

"군주의 머리가 좋은가 나쁜가를 알려면 우선 측근을 보면 된다. 측근이 유능하고 성실하다면 그 군주는 현명하다고 생각해도 좋을 것이다. 측근의 능력을 알아내고 그가 성실하게 일할 수 있게 하는 것은 다름 아닌 군주 자신이기 때문이다. 거꾸로 측근이 무능하다면 대단한 군주가 못 된다. 사람을 볼 줄 모르는 군주이기 때문이다."

사람을 제대로 보는 것처럼 어려운 일도 없다. 재덕을 겸비한 가장 뛰어난 군사軍師라고 칭송되는 공명도 사람을 잘못 본 일이 있다. 유비는 죽음을 앞두고 공명에게 "마속은 당신이 생각하는 만큼 쓸모 있는 사람이 아니다. 그는 중대한 임무를 맡길 만한 인물이 못 된다"는 충고를 남겼다. 그런데 공명은 유비의 말을 따르지 않고 마속을 중용했다. 이를 비판하는 사람들은 이렇게 말한다.

"제갈공명은 인물 평가에서 선제先帝의 말을 따르지 않았으며 큰 실패를 했다. 사후 처리도 부적절하여 유능한 인물을 죽이는 결과를 낳았다. 그런데도 어떻게 그를 지자智者라고 할 수 있겠는가?"

사람을 알아보는 능력이 없는 이는 사람을 쓸 자격도 없다. 어느 대기업에서의 일이다. 회장이 보기에 어떤 부장이 향후 사장을 해도 될 만큼 뛰어난 재목이었

다. 그러나 그는 사장과 잘 어울리지 못했다. 어떤 일
도 적당히 넘기지 못하고, 윗사람의 비위를 맞출 줄도
몰랐기 때문이다. 그래서 그는 사장과 자주 의견 충돌
을 일으켰다. 사장은 그를 잠재적인 경쟁자로 보고 음
으로 양으로 구박했다. 회장이 볼 때 잘못하면 유능한
인재 한 사람이 희생될 것 같았다. 그렇다고 사장을 다
른 자리로 옮길 수도 없는 일이었다. 회장은 궁리 끝에
그를 해외로 빼돌려 사장의 감시 밖에서 일할 수 있도
록 했다. 그에게는 해외에서 경험을 쌓으라고 일렀다.
여기에는 인간적인 수련을 쌓으라는 뜻도 담겨 있었
다. 여러 해가 지나 사장이 물러나자 그는 서울 본사로
돌아오게 되었고, 몇 년 후에는 회사의 중요한 기둥이
되었다.

우리는 흔히 사람을 겉모습만으로 판단하곤 한다.
그러나 이처럼 위험한 일도 없다. 겉만 보고 사람을 잘
못 판단한 쓰라린 경험이 있는 태공망은 이런 말을 남
겼다.

"겉으로는 현명해 보이지만 실은 소견이 좁고 어리
석은 자가 있다. 겉으로는 온화하고 선량해 보이지만

실은 부정을 일삼는 자가 있다. 조신한 듯 보이지만 실은 오만한 자가 있다. 제법 마음이 고운 듯하지만 실은 성실하지 않은 자가 있다. 계획을 잘 세우지만 결단력이 없는 자가 있다. 과감한 듯하지만 실은 실천력이 없는 자가 있다. 용기 있어 보이지만 실은 겁 많은 자가 있다."

공자가 빈털터리로 떠돌이 신세가 되었을 때의 일이다. 7일 동안이나 굶다시피 하고 허기진 배를 움켜쥔 채 낮잠을 자고 있는데, 안회가 어디서 얻어 왔는지 쌀로 죽을 끓이고 있었다. 잠결에 보니 안회는 솥 안에 손가락을 넣었다가 빼서는 거기 묻은 밥알을 입 안에 넣는 것이었다. 공자는 속으로 괘씸하게 생각했지만 못 본 체했다. 공자가 잠자리에서 일어나면서 말했다.

"방금 돌아가신 아버지 꿈을 꾸었다. 그러니 지금 아버지의 차례를 지내고 싶다."

그러자 안회가 황급히 말했다.

"안 됩니다. 차례 상에는 깨끗한 음식을 올려야 하는데, 아까 밥솥 안에 티가 들어 있었습니다. 제가 그것을 손가락으로 걷어냈는데 그냥 버리기가 아까워서 입

안에 넣었습니다."

이 말을 듣고 공자는 크게 탄식했다.

"나는 지금까지 내 눈으로 본 사실만은 믿을 수 있다고 생각했는데, 내 눈조차 믿어서는 안 된다는 것을 깨달았다. 내 마음만은 믿을 수 있다고 생각해왔는데, 그 마음조차 믿을 수 없다는 것을 알았다. 제자들이여, 이를 명심해라. 사람을 안다는 것은 참으로 쉽지 않다는 것을."

공자는 자기가 사람의 관상을 잘 본다고 은근히 자부해왔다. 그런 그도 크게 잘못 본 경우가 여러 번 있었다. 인정이나 편견이 객관적인 판단을 흐리게 하기 때문이었다.

공자의 제자 가운데 자우라는 인물이 있었다. 공자는 그가 너무 못생겼다며 푸대접했다. 그러나 자우는 학업을 마치고 공자 곁을 떠난 뒤 온 나라에 명성을 떨치는 큰 인물이 되었다. 그 소식을 듣고 공자는 '이모취인以貌取人'이라고 겉으로만 인물을 평가한 자기를 뉘우쳤다. 공자는 또 구변이 뛰어나 높이 평가한 자아라는 제자에게 크게 실망한 일도 있었다. 자아는 말을

하면 청산유수 같고 하나를 말하면 둘을 알아듣는 듯
했다. 그래서 "변설로는 자아와 자공이 제일"이라고 칭
찬하기도 했다. 그러나 그의 겉과 속이 다르다는 것은
간파하지 못했다. 후에 공자는 다음과 같이 뉘우쳤다.

"나는 지금까지 말하는 게 훌륭하면 사람됨도 믿을
수 있다고 생각해왔다. 그러나 이제는 말이 아무리 훌
륭하다 해도 행동을 확인하기 전에는 안심할 수 없게
되었다. 나를 이렇게 깨닫게 한 게 자아다."

그래도 워낙 변설이 능하고 재치가 넘치는 자아라
공자는 그를 제나라의 높은 벼슬자리에 추천했다. 그
러나 자아는 야심이 이끄는 대로 파벌 싸움에 말려들
어 결국은 일족이 멸살당하는 최후를 맞게 되었다.

춘추전국 시대에는 관상을 보는 것이 크게 유행했
다. 언제 누가 나라를 차지할지, 누가 정승 자리에 오
를지 아무도 알 수 없었다. 그래서 누가 자기를 배반
하고, 어떤 위인이 자기에게 도움이 될지를 첫눈에 알
아내야 했다. 이래서 만들어낸 것이 앞서 소개한 관인
팔법이다. 그러나 관상만 좋다고 해서 왕이 되고 정승
이 되지는 않는다. 심상을 봐야 한다고들 말하지만 사

람의 마음속처럼 들여다보기 어려운 것도 없다. 사람이란 속 다르고 겉 다른 존재다. 따라서 리더는 자기의 사람 보는 눈을 너무 자신해서는 안 된다.

인재를 쓰는 법

이익의 『성호사설』에 이런 얘기가 나온다.

임금은 기뻐하고 노여워함을 삼가지 않을 수 없으니 사람들의 영욕과 귀천과 득실이 여기에 달려 있기 때문이다. 많은 사람이 아래에 있으면서 몰래 살피고 속으로 헤아려 복종하기도 하고 배반하기도 하니, 마침내 그 손아귀의 농락에서 벗어나는 자가 드물다.

옛날 제나라 환공이 곽나라의 옛터를 찾아가 그곳 노인들에게 묻기를 '곽나라는 무엇 때문에 멸망했는가?' 하니, 노인들은 '착한 자를 옳게 여기고 악한 자를 미워한 때문입니다'라고 대답했다. 공은 '그대들의 말과 같다면 이는 어진 임금인데 어찌하여 멸망하게 되었는가?' 하고 물었다. '그렇지 않습니다. 곽나라의 임금은 착한 자를 옳게 여겼으나 등용하지 못했고, 악한 자를 미워했으나 버리지 못했으므로 멸망하게 된 것입니다.'

무릇 곽나라 임금의 허물은 쓰고 버리는 것을 결단하지 못한 것이지, 선악을 분별하지 못한 것은 아니다. …… 착한 자를 옳게 여기면서도 등용하지 못하면 한갓 꺼려하는 폐단만 조성될 것이요, 악한 자를 미워하면서도 멀리하지 못하면 원망만 날로 더해져 자신들을 보전하는 꾀에만 급급할 것이니, 곽나라 임금이 멸망을 재촉한 것이 마땅하다 하겠다.

이른바 제왕학에서는 다음의 세 가지를 강조한다.

1. 원리 원칙을 가르쳐주는 스승이 있어야 한다.
2. 직언을 해주는 측근이 있어야 한다. 칭기스칸의 참모 야율초재는 칭기스칸에게 다음과 같은 직언을 서슴지 않았다.

"몽고가 스스로 높은 문화를 갖지 않는 한 모처럼 무력으로 정복했다 해도 금나라를 완전히 지배하지 못하고, 언젠가는 오히려 금에게 지배당하게 될 것입니다. 무력으로는 천하를 잡을 수는 있으나 다스리지는 못합니다."

3. 좋은 막빈이 있어야 한다. 막빈이란 가까이의, 거의 대등한 위치에서 자문해주는 사람을 말한다.

어느 날 위나라의 무후가 신하들을 모아놓고 국사를 논했는데, 그보다 뛰어난 사람이 없었다. 신하들은 제각기 무후를 추켜올렸고 무후도 매우 만족스러워했다. 이를 보고 오기가 무후에게 말했다.

"옛날에 초의 장왕이 문제를 내 신하들의 의견을 물었습니다. 신하들은 머리를 짜냈지만 어느 것 하나 장왕의 생각보다 나은 것이 없었습니다. 회의가 끝나자 장왕은 침울한 표정을 지었습니다. 그래서 한 신하가 '폐하, 무슨 걱정이 있으십니까?' 하고 물었습니다. 그러자 장왕이 대답하기를 '일찍이 어느 세상에도 성인이 있으며 어느 나라에나 현인이 적지 않다. 그런 인재들을 잘 발굴해서 쓸 줄 아는 자야말로 참다운 왕자王者라 할 수 있다고 들었다. 그런데 지금 내 신하 중에는 나보다 지혜가 있는 자가 한 명도 없다. 이대로 간다면 초나라의 앞날이 매우 우려된다'고 했습니다. 그런데 임금께서는 당신보다 우수한 신하가 없다며 만족해하십니다. 과연 이래서야 되겠습니까?"

이 말을 듣고 무후는 낯을 붉혔다. 『오자』에 나오는 얘기다.

한비자에 의하면, 군주는 세 등급으로 나뉜다. 하下에 속하는 군주는 자기 능력만 발휘할 뿐이다. 그러나 개인의 역량에는 한계가 있다. 가능한 한 많은 사람의 힘과 지혜를 활용할 줄 알아야 한다. 중中에 속하는 군주는 모든 것을 자기가 하려 하지 않고, 대중이 힘을 발휘하도록 하는 법을 알고 있다. 그러나 그는 대중의 힘을 활용하는 법밖에 모른다. 상上에 속하는 군주는 힘보다 지혜가 더 강하다는 것을 알고 있다. 그래서 대중의 힘만이 아니라 대중의 지혜를 얻어내려 한다.

마키아벨리는 "군주의 생각이 깊은가 아닌가에 따라서 우수한 인재가 등용되기도 하고, 무능한 측근이 군주를 둘러싸기도 한다"고 했다. 그에 따르면 인간의 두뇌에는 세 종류가 있다. 첫째는 자력으로 이해할 수 있는 두뇌, 둘째는 남이 이해한 것을 가려낼 수 있는 정도의 두뇌, 셋째는 제 머리로도 이해하지 못하고 그렇다고 남이 이해한 것에 대한 감별 능력도 없는 두뇌.

『송명신언행록』에 이런 얘기가 나온다. 당대의 명재상이던 여몽정이 부하들에게 이렇게 말했다.

"나는 매우 무능하다. 다만 한 가지 능력만은 가지고 있다. 바로 인사를 잘하는 능력이다."

그는 늘 수첩을 가지고 다녔다. 새로운 관리를 만날 때마다 그의 장단점을 알아내 기록해두었다. 또 어떤 인물에 대해서 서너 사람이 칭찬하는 소리를 들으면 그 이름을 적어두었다. 그리하여 그는 언제든 적소에 적재를 기용할 수 있었다.

조지 마셜 장군도 30년 동안이나 신임 장교들의 신상명세서를 만들었다. 2차 대전이 일어났을 때 그는 육군 참모총장이었다. 그의 가장 큰 과제는 어느 장교를 어느 자리에 앉히느냐였다. 그는 조금도 망설이지 않고 아이젠하워, 브래들리, 클라크 등의 유능한 장교들을 등용할 수 있었다.

많은 업적을 남긴 미국의 사업가 카네기는 자기 묘비에 "자기보다 뛰어난 사람을 주위에 모이게 하는 재주를 터득한 자, 여기에 잠들다"라고 적게 했다. 유능한 리더일수록 부하를 잘 쓴다. 부하들의 도움 없이는 제대로 된 리더십을 발휘할 수 없다. 한비자가 이런 말을 한 적이 있다.

"이 세상에서 확실하게 말할 수 있는 게 세 가지 있다. 첫째, 지자智者라고 해서 반드시 공적을 올릴 수 있는 것은 아니다. 둘째, 아무리 힘이 있는 사람이라 해도 들어 올릴 수 없는 것이 있다. 셋째 강한 사람이 꼭 이긴다는 보장은 없다."

그러면서 그는 요를 예로 들었다. 가령 요와 같은 지자라도 많은 사람의 협력 없이는 큰 공적을 올리지 못한다. 힘이 장사라는 오획도 자기 몸은 자기가 들어 올리지 못하고 다른 사람의 힘을 빌려야 한다. 아무리 뛰어난 사장이라 해도 경영도 잘하고, 판매도 잘하고, 설계도 잘할 수는 없다. 어떤 분야에서는 분명 그보다 뛰어난 능력을 발휘할 수 있는 직원이 있을 것이다. 그런 이들을 제대로 활용할 수 있느냐 없느냐가 바로 리더십이다.

"집을 지을 때 목수가 아무리 뛰어난 직인이라 해도 다른 많은 직인들의 도움을 빌리지 않으면 집을 완성하지 못한다. 이와 마찬가지로 나라를 다스릴 때도 재상이 아무리 훌륭한 인물이라 해도 많은 인재의 협력이 없으면 제대로 다스릴 수 없다. 따라서 재상이 되는 사람은 사심을 버리고 공公을 우선시하고, 자신에게 모자라는 부분이 있다면 그 결점을 보완해주는 인재를 등용해야 한다. 그러면 그들의 능력을 모두 자기 것으로 활용할 수 있다. 한 사람이 모든 능력을 갖춘다는 것은 불가능한 일이다. 이 세상에 흰색 여우는 없다. 그런데도 흰색 털옷이 있는 것은 여우의 흰색 털만 잔뜩 모아서 만들기 때문이다. 재상이 처음부터 모든 것을 다 알고 있을 필요는 없다. 그저 남의 재능을 시기하지 않고 늘 공평한 태도로 임한다면 지자에게서는 전략을, 용자에게서는 힘을 빌릴 수 있을 것이다."

『위정삼부서』에 나오는 얘기다. 설사 뛰어난 인물이 등용된다 해도 그가 자기 재능을 다 발휘하기는 어렵다. 그 까닭을 한비자는 이렇게 설명하고 있다.

"군주는 지자의 의견을 들으면 먼저 그것의 수용 여부를 측근에게 물을 것이다. 그런데 측근이 반드시 지자일 수는 없다. 즉 우자愚者에게 지자에 대한 평가를 맡기는 일이 발생하는 것이다. 또 군주는 누군가를 비범한 인물이라 지목하고 등용하려 할 때 먼저 측근에게 물을 것이다. 그런데 측근 모두가 비범한 인물일 수는 없다. 즉 범인에게 비범인을 평가하게 하는 것이다. 이처럼 지자의 의견이 어리석은 자에 의해 좌우되고, 비범한 인물의 행위가 범인에 의해 평가된다면, 지자나 비범인이 나서고 싶은 마음이 안 생길 것이다. 이렇게 되면 군주의 의견은 언제까지나 틀린 상태로 있게 된다."

송나라의 인종과 영종 때의 명신名臣 부필은 노령을 이유로 은퇴하기까지 세 차례의 상소문을 올렸다. 『송명신언행록』에 따르면, 그 내용은 대략 다음과 같았다.

"천자에게는 정해진 직무라는 것이 없습니다. 오직 군자와 소인을 가려서 쓰는 일이 있을 뿐입니다. 군자와 소인을 함께 쓰면 소인 쪽이 득세하게 됩니다. 군자는 권력 다툼에서 지면 아무 미련 없이 깨끗하게 물러나 유유자적 인생을 즐깁니다. 그러나 소인이 지면 도당徒黨을 꾸리고 온갖 책략을 다 쓸 것입니다. 만약에 소인이 이긴다면 주위에 끼칠 해독은 헤아릴 수가 없을 정도입니다. 그렇게 된 다음에는 아무리 천하의 안태安泰를 바란다 해도 소용이 없습니다."

이처럼 리더는 사람을 잘 쓸 줄 알아야 한다. 유방이 항우를 쳐부수고 천하를 장악한 다음 술자리에서 신하들에게 물었다.

"내가 천하를 잡고, 항우가 실패한 이유를 아느냐?"

한 장군이 대답했다.

"폐하는 마음이 후하여 전리품을 모두에게 나눠주고 결코 독차지하지를 않으셨습니다. 항우는 의심이 많은데다 공적도 전리품도 모두 독차지했습니다."

그러자 유방은 이렇게 말했다.

"그것은 하나만 알고 둘은 모르는 것이다. 전략을 세우는 능력에서 나는 장량을 따르지 못한다. 내정을 챙기는 능력에서는 소하를 따르지 못한다. 또 군대를 지휘하는 능력에서는 한신에 미치지 못한다. 이 세 사람은 비할 바 없이 탁월한 인물들이다. 다만 나는 이들을 쓸 줄 알았다. 그래서 내가 천하를 잡게 된 것이다. 항우에게도 인물이 많았지만 그는 한 사람도 제대로 쓸 줄 몰랐다. 그래서 그는 나한테 졌다."

유방은 유능한 부하를 제 마음대로 움직일 수 있는 묘한 힘을 가지고 있었다.

싫은 소리를 들을 줄 알아야

좋은 인재를 찾아내 잘 쓰는 것도 중요하지만, 이에 못지않게 중요한 것은 비판의 소리를 귀담아듣는 일이다. 전 세계에 수만 명의 직원을 거느렸던 로버트 갤빈 모토로라 전 회장이 가장 강조했던 것도 '남의 말을 듣는 것'이었다.

"우리는 항상 다른 사람들이 우리에게 하고 싶어 하는 말을 들으려 노력하고 있다."

좋은 약은 입에 쓰고, 좋은 말은 귀에 거슬린다. 거슬리는 말이라도 귀를 기울일 줄 아는 게 훌륭한 리더다. 당나라 때 재상 위징이 태종에게 이렇게 말했다.

"저를 제발 양신良臣으로 만들어주십시오. 절대 충신

忠臣으로 만들지는 말아주십시오."

그게 무슨 뜻이냐고 묻자 위징이 대답했다.

"양신이란 황제가 나라를 잘 다스릴 때 황제를 돕고 여러 가지 일을 하는 신하입니다. 충신은 만약 황제가 어리석으면 목숨을 걸고 충고를 해야 합니다. 저는 그런 충신이 되고 싶지는 않습니다."

태종은 훌륭한 임금이었다. 이 말을 아랫사람의 말에 귀 기울일 줄 알고, 목숨을 걸고 직언할 필요가 없는 훌륭한 황제가 되어달라는 뜻으로 알아들은 그는 그러냐면서 고개를 끄덕였다. 『조선왕조실록』에는 이런 얘기가 나온다. 세종 13년(1431년) 가을에 왕이 궁중에서 하는 불꽃놀이를 때마침 와 있던 중국 사신에게 보여줄 것인지 말 것인지를 신하들에게 물었다. 이때 허조가 왕에게 간언했다.

"화약은 한정되어 있는데 불꽃놀이에 허비되는 양은 아주 많습니다. ……염초(화약 원료)를 구워내는 데는 많은 노력이 들어 한 해에 천여 근밖에 구워내지 못합니다. 그런데도 불꽃놀이를 한 번 하기 위해 화약을 아주 많이 허비하고 있습니다."

세종은 그 자리에서 허조의 말을 따라 불꽃놀이를 하지 않기로 했다. 조선에는 어리석은 왕도 많았지만, 뛰어난 왕들은 이렇게 신하의 말에 귀를 기울였다. 이런 기록도 있다. 1486년, 성종이 중국에 가는 사신에게 낙타 한 마리를 사 오라고 일렀다. 그러자 사헌부 대사헌 이경동이 반대하고 나섰다. 해마다 가뭄으로 흉년이 들어 조정과 백성이 다 궁핍하고 조세로 거두는 것도 적은데, 아무짝에도 쓸모없는 낙타를 사기 위해 흑마포를 60필이나 쓰다니 가당치 않다는 것이었다.

"……삼가 바라건대 전하께서는 검소한 덕을 숭상하고 낭비를 멀리해 먼 지방의 물건을 보배롭게 여기지 마시고 삼가소서. 그러면 아주 다행이겠습니다."

이 말에 무안해진 왕은 이렇게 대답했다.

"당초에 내 마음은 그 짐승을 귀하게 여긴 것이 아니다. 중국에 출정할 때 쓴다고 하기에 내가 사서 시험하려고 했을 뿐 애완하기 위함이 아니다. 이제 바른 의논을 들었으니 즐거이 따르겠다."

군색스런 변명이었지만, 그런 대로 옳은 직언을 받아들일 줄 아는 성종은 좋은 임금이었다.

어리석고 오만한 리더는 양신을 충신으로 만들려 한다. 그러나 목숨을 걸고 충신이 되겠다는 사람은 드물다. 대부분의 측근이 상전의 비위를 맞추려고 듣기 좋은 말만 한다. 우리나라에는 대통령이 외국 나들이를 하고 싶다고 할 때 이로울 건 없고 해만 될 뿐이라며 말리는 충신이 없다. 그저 대통령의 뜻대로 일정표를 성실하게 짜는 속 빈 '양신'들만 있을 뿐이다. 그러는 사이에 국가의 정치나 체면은 엉망이 된다.

진秦나라 2대 황제가 즉위한 지 2년 후부터 악정惡政을 원망하는 민중의 반란이 속출했다. 그런데도 황제는 전혀 알지 못했다. 이는 황제가 정치를 멀리한 채 유흥에 빠지게 하고, 황제의 귀에 들어가는 정보를 통제한 조고의 농간 때문이었다. 다음 해에는 반란군이 진나라 수도에까지 육박해 들어왔다. 마침내 조고는 본색을 드러내며 쿠데타를 일으키고 왕궁에 난입했다. 그제야 사태의 위급함을 깨달은 황제가 가까운 신하에게 "이렇게 되기 전에 왜 좀더 빨리 내게 알려주지 않았느냐"라고 꾸짖었다. 그러자 그 신하는 "그런 말씀을 드렸다면 저의 목숨은 없어졌을 것입니다"라고 대답했다.

책임감

"위대한 일을 하는 것은 분명 어려운 일이다. 그러나 위대한 일을 책임지고 지휘하는 것은 더 어렵다."

니체의 말이다. 리더는 한마디로 책임지는 사람이다. 예부터 책임지는 것은 리더의 당연한 의무였다. 리더의 권위도 바로 그의 책임감에서 나온다.

"국정을 맡은 리더의 명예는 자기 행위의 책임을 혼자 지는 것에서 나온다. 책임을 부정하거나 남에게 전가할 수는 없으며, 그런 행위가 용납되지도 않는다."

막스 베버는 『직업으로서의 정치』에서 이렇게 말했다. 책임과 권위는 동전의 양면과 같다. 권위 없는 책임이란 있을 수 없으며, 책임이 따르지 않는 권위도 마찬가지다.

프랑스의 철학자 몽테뉴가 남미의 인디오 추장 일행이 프랑스에 왔을 때 추장에게 물었다.

"추장님, 당신의 특권은 무엇입니까?"

추장은 자랑스럽게 대답했다.

"전쟁이 일어났을 때 제일 앞에서 싸우는 것입니다."

아프리카의 부족 사회에서는 고귀한 자의 의무가 추장의 즉위 의례에 명백하게 들어가 있다. 문화인류학자 빅터 터너는 『의례의 과정』에서 잠비아의 은뎀브족의 추장 즉위 의식을 이렇게 묘사했다. 추장이 되는 남자는 아내와 함께 누더기를 허리에 두르고 '추장에 선출된 자를 욕하는' 행사에 끌려간다. 그리고 사제의 설교를 듣는다.

"당신은 천박하고 이기적이며 어리석은 사람이다. 당신은 자기 마을 사람들을 사랑하지 않고 그저 화만 내고 있다. 천박함과 탐욕스러움이 당신의 전부이다. 이제부터는 자기 본위로 살아가지 말고 모든 사람을 환영해야 한다."

이런 긴 설교가 끝나면 추장은 말없이 고개를 숙인

채 과거 그에게 부당한 대접을 받았다고 생각하는 사람들에게서 미주알고주알 온갖 원망의 말을 들어야 한다. 탄자니아의 한 부족도 비슷한 의식을 이틀 동안 밤을 새워가며 치른다. 여기서도 사제가 추장이 되는 사람에게 설교를 한다.

"추장이란 큰 인물이니 손님들에게 차별 없이 음식을 제공하고 환대하라. 마을 사람에게 고기를 얻었을 때도 아무리 소량이라도 자기와 친족끼리만 먹어서는 안 된다. 추장이라고 해서 뽐내서는 안 된다. 거짓말쟁이라고 손가락질 받는 사람도 차별해서는 안 된다."

마지막에 그는 이렇게 설교한다.

"추장은 당신만이 아니다. 모든 사람이 추장이다."

원숭이 사회에서도 리더의 으뜸가는 조건은 책임감이다. 기운이 세다고 애송이 원숭이가 늙은 보스를 쓰러뜨리고 새 보스 자리에 올라앉지는 못한다. 모든 것이 순서대로 진행된다. 보스가 죽으면 반드시 그 뒤를 부副보스가 잇는다. 원숭이들의 서열은 힘으로만 결정되지 않는다. 보스는 싸움을 말리고 적의 공격을 막고 부하들의 뒷바라지를 잘해야 한다. 말하자면 자기 집

278

단을 얼마나 책임 있게 잘 거느리느냐에 따라 서열이 결정된다.

일본의 원숭이 공원에 토보라는 부보스가 있었다. 체격도 빈약하고 힘도 세지 않았다. 그저 의협심만 대단했다. 곤경에 빠진 원숭이가 있으면 제일 먼저 달려가는 게 토보였다. 아무도 그가 보스가 되리라고는 생각하지 못했다. 공교롭게도 보스가 사고로 죽자 토보가 서열에 따라 그 자리를 이었다. 이미 그때 토보는 22세의 늙은 원숭이였다. 그러나 보스가 된 다음에 토보는 완전히 다른 원숭이가 되었다. 자기 왕국의 원숭이가 다른 집단에게 잡혀 가면 죽기를 각오하고 구해 냈다. 피를 철철 흘리며 싸우는 그를 보고, 다른 원숭이들은 그를 더없이 존경하게 되었고 합심해서 그를 도왔다. 그는 너무 늙어서 더 이상 보스 노릇을 못 하게 되자 어느 날 홀연히 종적을 감추었다. 그 자리는 당연히 부보스가 이어받았다.

원숭이 학자들에 의하면, 원숭이 보스는 본능적으로 자기가 물러날 때를 안다고 한다. 따라서 원숭이 사회에서는 추악한 권력 투쟁은 일어나지 않는다. 물론 어쩌다 예외는 있다. 벤츠라는 보스가 있었다. 그는 이웃 마을의 암원숭이에게 반한 나머지 보스 일을 제대로 하지 않았다. 참다못한 젊은 원숭이들이 쿠데타를 일으켰다. 그리하여 벤츠가 추방되고 부보스가 보스 자리에 올랐다. 우리에게 많은 것을 알려주는 일화다.

권력이 크면 클수록 책임도 커진다. 프랭클린 루스벨트가 소년이었을 때 클리블랜드 대통령에게 인사할 기회가 있었다. 이때 대통령은 소년 루스벨트의 머리에 손을 얹고 이렇게 말했다.

"나는 너에게 이상한 기원을 해야겠다. 네가 미국 대통령이 되지 않기를 너를 위해 바란다."

1945년 4월 12일, 트루먼 부통령은 즉각 백악관에 들어오라는 연락을 받았다. 황급히 달려간 트루먼은 루스벨트 부인의 거실로 안내되었다. 그녀는 조용히 트루먼에게 루스벨트 대통령이 별세했다고 말했다. 그 순간 트루먼은 얼굴이 창백해지고 졸도할 뻔했다. 대통령이라는 엄청난 짐을 지게 된 게 무서워진 것이다. 잠시 후 그는 정신을 가다듬고 그녀에게 물었다.

"제가 당신에게 해드릴 수 있는 일이 무엇입니까?"

그러자 그녀는 고개를 저으며 넌지시 말했다.

"우리가 당신에게 해드릴 수 있는 일이 무엇일까요? 지금 곤경에 빠진 것은 당신이니까요."

트루먼은 대통령 시절 자기 책상 위에 두 개의 문장을 붙여놓았다. 하나는 마크 트웨인의 말로 "항상 옳은 일을 해라. 그러면 몇몇 사람들은 기뻐할 것이고, 다른 이들은 놀랄 것이다." 또 하나는 "모든 책임은 내가 진다The buck stops here". '버크buck'는 포커 게임에서 패를 돌려야 하는 사람 앞에 놓는 표지이다. 버크가 앞에 놓이면 그 사람은 의무적으로 패를 돌려야 한다. 그 사람이 할 차례인 것이다. 그러므로 트루먼이 이 문장을 붙여놓은 것은 모든 책임은 최고 권력자인 내가 지겠다는 다짐 같은 것이라고 할 수 있다. 카터 대통령도 똑같은 표어를 책상 위에 써놓았다고 한다.

사람인 이상 잘못을 저지를 수도 있다. 시어도어 루스벨트 같은 인물도 대통령이 됐을 때, 친구에게 이렇게 실토했다.

"내 생각 중에서 75퍼센트 정도만 옳다면, 그것이 내가 바라는 최고치라네."

공자는 어떤 잘못을 범하는가를 보면 그 사람의 인품을 알 수 있다고 말했다. 여기 덧붙인다면 잘못을 저질렀을 때 그 뒤처리를 어떻게 하느냐를 보면 인품을 더욱 잘 알 수 있다. 시원찮은 리더는 끝까지 자기는 잘못을 저지르지 않았다고 버틴다. 자기가 무능해서 잘못을 저지른 것이 사람들에게 흉잡힐까 두려워서다. 그런 이들은 끝까지 잘못이 없다고 버티며 남에게 책임을 전가하려 든다. 닉슨 대통령은 워터게이트 사건으로 온 나라가 발칵 뒤집혔을 때 텔레비전 방송의 인터뷰에서 이렇게 말했다.

"나는 홀드먼 보좌관에게 불필요한 테이프를 버리라고 명령했다. 그가 내 말을 들었더라면 나는 대통령을 그만두지 않아도 됐을 것이다."

그는 유능한 인물이었는지는 몰라도 훌륭한 리더는 아니었다.

한나라 무제의 명을 받아 흉노 토벌에 나선 위청 대장군 밑에 이광이라는 장군이 있었다. 그는 환갑을 막 넘긴 나이였다. 고령을 생각해서 위청은 그에게 적의 주력 부대와 정면충돌하지 않고 우회 작전을 펴는 동군東軍을 지휘하다가 약속된 시각에 위청이 이끄는 주력 부대에 합류하라고 했다. 그런데 이광의 군대는 길을 잘못 들어 헤매다가 제 날짜에 주력 부대와 합류하지 못해 결국 작전이 실패로 끝났다.

이를 무제에게 보고해야 하는 위청은 이광에게 부하를 보내 자초지종을 물었다. 그러자 이광은 "모든 것은 나의 책임이다. 길을 잘못 들어선 것은 나다. 이제부터 나 자신이 직접 보고서를 작성해 천자에게 바치겠다"라고 말했다. 이어 그는 전군을 모아놓고 "지금까지 흉노와 70회 싸웠고, 이번에야말로 완전히 섬멸할 수 있는 절호의 기회였는데 그만 엄청난 실책을 저질렀다. 나도 이제 육십 고개를 넘었다. 이제 와서 천자 앞에서 심문을 받는 굴욕은 견딜 수가 없다"라고 말한 다음 자기 목을 잘라 죽었다. 전군의 장병이 모두 운 것은 물론이요, 이를 전해들은 사람들은 이광을 알든 모르든 모두가 울었다. 사마천은 "도桃나 이李는 결코 자기 입으로 자기 말을 하지 않는다. 그러나 그 매력 때문에 흠모하는 사람들이 많아 나무 밑에는 자연히 오솔길이 생긴다"라며 이광을 찬양했다.

2차 대전 때의 일이다. 어느 신임 비행 중대장이 비행 단장에게서 다음과 같은 메시지를 받았다.

"귀관은 어젯밤에 장교 클럽에서 과음을 했다. 다시는 이런 일이 없도록 하라."

그러나 그 장교는 그날 밤에 장교 클럽에 가지도 않았고, 과음을 한 적도 없었다. 그는 뭔가 착오가 생겼나 보다 하고 대수롭지 않게 여겼다. 그런데 며칠 후에 또 다른 메시지를 받았다.

"귀하는 경고를 어기고 또다시 과음했음. 이것이 마지막 경고임."

그러나 이날 밤에도 장교는 클럽에 가서 술을 마시지 않았다. 이번에는 그냥 있을 수 없다는 생각에 비행 단장실로 달려갔다. 그를 본 단장은 이렇게 말했다.

"소령, 귀관은 귀관 자신에 대해서만 책임이 있는 것이 아니다. 귀관은 장교 클럽에서 과음한 적이 없다. 그러나 귀관의 중대원 중의 하나가 과음을 했다. 귀관은 그 부하에 대해 책임을 져야 한다."

부하를 감싸는 마음

한나라의 무제 때 장탕이라는 사법관이 있었다. 그는 무제에게서 자신이 올린 판결문이 마음에 들지 않는다는 질타를 받으면 바로 사죄하고 왕의 뜻에 따라 바로잡았다. 그러면서 "지금 꾸지람을 받은 대목에 대해서는 저의 부하 아무개도 똑같은 지적을 했는데, 제가 어리석게도 이를 묵살했습니다. 그러니 책임은 모두 저에게 있습니다"라고 말했다. 또 판결문이 잘됐다고 칭찬을 받으면 "이것은 제 판단에 의한 것이 아니라 부하 아무개가 강력히 주장한 것을 제가 채용한 것일 뿐입니다" 하면서 부하에게 공을 돌렸다. 이 때문에 부하들이 모두 그를 따랐다.

사람들을 이끌어 나간다는 것은 책임을 진다는 뜻이다. 이는 또한 부하를 감싸는 마음씨와도 통한다. 상사가 제대로 책임진다면 그 효과는 이끌려가는 사람들의 태도에 그대로 반영된다. 장탕처럼 부하를 아끼는 리더는 역사 속에서만 볼 수 있는 것이 아니다. 1997년 1월, 러시아의 유조선 나호토카 호가 일본 근해에서 조난 사고를 당했다. 이때 선장은 승무원 31명이 모두 두 척의 구명보트에 안전하게 옮겨 탄 것을 확인한 다음 자기도 보트에 탈 수 있었음에도 불구하고 가라앉는 나호토카 호와 운명을 같이했다. 그는 선장으로서 안전한 운행에 대해 져야 할 책임을 한 몸에 지고 죽은 것이다. 이를 '선장은 침몰하는 배와 운명을 같이해야 한다'는 서양의 관례에 따랐을 뿐이라고 보면 그만이다. 혹은 우리가 알지 못하는 다른 사정이 있었는지도 모른다. 그렇다고 해도 책임질 줄 모르는 리더들에게 시달려온 우리에게는 왠지 숙연해지는 이야기임에 틀림없다.

리더가 부하들에게 존경을 받으려면, 무엇보다도 실력이 있어야 한다. 다시 말해서 일을 잘 알고 능력이 있어야 한다. 아무리 인격적으로 나무랄 데가 없는 사람이라도 능력이 없으면 부하들에게 따를 마음이 일어나지 않는다. 부하들은 차라리 성격적으로는 결점투성이라도 실력 있는 리더 밑에서 일하기를 원한다. 장관이든 기업의 사장이든 다 마찬가지다.

둘째로 부하들은 책임감이 강한 리더를 좋아한다. 실력도 있고 책임감도 강한 리더라면 더할 나위 없이 좋겠지만, 그렇지 못하다면 능력은 만족스럽지 못하더라도 부하들의 잘못까지 책임질 수 있는 리더를 선호한다. 그런 리더 밑에서라면 마음 놓고 소신껏 일할 수 있기 때문이다. 아무리 유능하다 해도 일이 뜻대로 잘 안 됐을 때 그 책임을 부하들에게 뒤집어씌우는 리더 밑에서는 일할 마음이 나지 않을 것이며, 그럴 경우 리더가 시키는 일밖에 하지 않으려 들 것이다.

처형을 앞둔 마속은 제갈량에게 다음과 같은 편지를 썼다.

"승상은 저를 자식처럼 아껴주셨고 저도 승상을 아버지처럼 따랐습니다. 그러나 이번 일에 관해서는 사정私情에 흘러 지금까지의 순수한 우정이 상처받게 되는 일이 없기를 간절히 바랍니다. 그래야 저도 여한 없이 저승으로 갈 수 있습니다."

리더의 신뢰를 어기고 잘못을 저질러 처분을 받는 부하도 괴롭지만, 가장 아끼던 부하를 처형해야 하는 리더는 더 괴롭다는 것을 마속은 잘 알고 있었다. 공명은 마속이 처형된 후에 그의 유족을 성실히 뒷바라지했다.

동물의 세계에서도 리더에게 가장 중요한 것은 책임감과 부하를 아끼는 마음이다. 말의 세계에서 보스는 늘 자기 뒤를 이을 젊은 말을 거느리고 다닌다. 늙은 보스는 기회가 있을 때마다 젊은 말에게 자기의 경험을 전수한다. 때로는 둘 사이에 패권 다툼이 일어난다. 그러나 젊은 말은 보스를 이겨낼 재간이 없다. 젊은 말은 진 다음에는 다시 아무 일도 없었던 것처럼 보스를 따른다. 이런 주종 관계는 2년 넘게 계속되기도 한다. 그러다 늙은 보스가 힘으로는 젊은 말을 도저히 당해낼 수 없는 날이 온다. 젊은 말은 옛 은혜나 정 따위는 아랑곳없이 보스에게 도전해 지배권을 쟁취한다. 늙은 보스는 비겁하게 도망가지 않는다. 피를 흘리고 다리를 질질 끌면서도 혼신의 힘을 다해 위엄을 지키며 천천히 걸어서 어디론가 사라져버린다.

원숭이의 세계는 이와 전혀 다르다. 보스는 끝까지 보스 대접을 받는다. 물론 보스로서의 의무도 다한다. 개가 접근해 오면 부하 원숭이들을 피난시킨 다음 목숨을 걸고 싸운다. 그런 보스 원숭이가 늙어 눈이 멀게 되면 보스 몰래 음식을 훔쳐 먹으려는 '범죄자'가 생기기도 한다. 보스의 권위를 무시한 것이다. 이럴 때 보스의 체면을 세워주는 게 서열 2위의 원숭이다. 그는 늙은 보스 대신에 범법자를 꾸짖는다. 아무리 보스가 늙거나 제대로 통솔하지 못해도 부하들은 힘으로 권력을 빼앗으려 하지 않는다. 원숭이들은 이렇게 보스가 죽을 때까지 깍듯하게 보스 대접을 한다. 그 대신 늙은 보스도 자기 왕국을 지키기 위해서 목숨 바치는 것을 당연하게 여긴다.

물론 리더의 책임에는 한계가 있다. 리더가 모든 책임을 지는 것이 반드시 좋은 일은 아니다. 부하에게 일을 시키고 그 결과에 대한 모든 책임을 리더가 진다면 부하들은 언제나 리더에게 의지하는 무책임한 태도를 키우기 쉽다. 따라서 부하에게 일을 맡길 때는 부하가 할 일, 부하가 책임져야 할 범위를 사전에 분명히 알려 줘야 한다. 그리고 부하가 일을 잘하면 그때그때 칭찬을 하고 제대로 못하는 경우에는 제때에 주의를 줘야 한다. 그래야 부하들이 책임감을 가지고 일할 수 있다. 리더는 자기만 책임지는 것이 아니라 부하들이 책임을 걸머질 수 있게 만드는 사람이다. 다시 말해서 부하들이 책임감을 가지고 일하게끔 하는 것도 리더의 능력이다.

우리나라처럼 장관이 자주 바뀌는 나라도 없다. 이는 대통령이 그다지 책임감이 투철하지 못하기 때문이기도 하다. 장관이 아니라 대통령 자신이 책임져야 할 일인데도 장관을 바꾸고, 별다른 실수도 없었는데 민심을 일신한다면서 총리를 바꾸곤 한다. 이는 모든 영광은 대통령이 누리고, 모든 책임은 아랫사람이 지게 하는 대통령의 무책임함 때문이다. 이렇게 되면 장관이나 국무총리는 국민이 아니라 대통령을 위해 일하게 되고, 민심이 아니라 대통령의 눈치를 살피며 일할 수밖에 없다.

『십팔사략』에 이런 얘기가 나온다. 은나라를 일으킨 탕왕 때의 일이다. 7년이 넘도록 가뭄이 계속되자 민심이 흉흉하고 나라가 어지러웠다. 조정에서는 점을 치기로 했다. 그랬더니 산 사람을 제물로 바치며 기우제를 지내야 한다는 점괘가 나왔다. 그러자 탕왕은 "백성을 위하여 기우제를 하는데 백성을 죽일 수는 없다. 제물이 필요하다면 내가 제물이 되어야 한다"면서 흰 상복을 입고 하늘에 기도했다. 기도를 하며 왕은 다음과 같이 <u>스스로</u>를 문책했다.

첫째, 나는 지금까지 올바른 정치를 해왔는가?

둘째, 나는 사람들에게 충분한 일자리를 마련해주었는가?

셋째, 내가 너무 호화롭게 살며 국고를 낭비하지는 않았는가?

넷째, 후궁의 여자며 자식들이 너무 설치고 있는 것은 아닌가?

다섯째, 뇌물 등의 부정과 부패가 횡행하고 있지는 않는가? 그리하여 올바른 정치가 이뤄지지 않고 백성이 정부를 불신하게 된 것은 아닌가?

여섯째, 간악한 자들의 고자질을 믿고 그릇된 인사를 해온 것은 아닌가? 그리하여 유능한 인재들이 멀어진 것은 아닌가?

이상은 탕왕이 스스로에게 물은 '육사자책自責六事'이었다. 탕왕은 정치의 모든 책임은 어디까지나 통치자에게 있다고 생각했다. 그는 가뭄까지도 자기 잘못으로 돌리는 실로 명군名君이었다. 통치자가 마땅히 져야 할 책임을 남에게 미루거나 회피할 때는 통치자로서의 권위는 물론 통치 능력까지도 상실하게 된다. 이것이야말로 국가적으로 가장 위태로운 상황이라는 사실을 탕왕은 이미 3천여 년 전에 깨달았던 것이다. 언젠가 처칠이 이렇게 말한 적이 있다.

"매일 밤 나는 오늘 내가 무슨 잘못을 저지르지는 않았는가를 가리는 군사 재판의 피고석에 나 자신을 앉힌다."

졸렬한 리더는 쥐꼬리만 한 인기에 취해 자기만족에 빠진다. 뛰어난 리더는 매일같이 자성의 매질을 한다.

솔선수범

공자는 농민들이 땅을 두고 싸움을 일삼아왔는데, 순이 그곳에 가서 농사를 함께 짓자 1년 안에 싸움이 그쳤다며 순의 행동을 격찬했다. 그러나 이는 공자가 잘못 생각한 것이라고 말한 사람이 있다. 애초에 순이 군주로서 할 일을 다 했다면 농민들의 싸움은 일어나지도 않았을 것이다. 더욱이 군주의 몸은 하나다. 만약 여기저기에서 이런 땅 싸움이 일어난다면 어떻게 하느냐는 것이었다.

물론 리더가 사소한 일에까지 지휘를 하고 참견해서는 안 되지만 팀을 이끌기 위해 앞장 서야 하는 것은 맞다. 브라질이 낳은 세계적인 축구 선수이자 브라질의 초대 체육부 장관을 역임한 코임브라 지코는 『지코의 리더론』이라는 책에서 "2류 조직이라도 리더에 따라 1류가 될 수 있다"고 강조했다. 그는 "이기는 조직을 만들려면 팀워크를 키워야 한다. 이 교훈을 나는 축구에서 배웠다"며 "아무리 천재적인 선수라 해도 다른 열 명의 협력 없이는 상대방의 골을 빼앗지 못한다"고 했다. 이 말이 축구에만 해당되는 진리는 아니다. 이런 협력을 얻기 위해서는 리더의 솔선수범이 필요하다. 지코는 말한다.

"남에게 모범을 보이기 위해서는 리더이기 이전에 선수여야 한다."

한 신사가 말을 타고 가다가 병사들이 무거운 재목을 움직이려 애쓰는 것을 봤다. 군복을 단정하게 입은 상사가 병사들에게 "하나, 둘!" 호령을 했다. 그러나 재목은 움직이지 않았다.

신사는 그 상사에게 "왜 자네는 병사들과 같이 재목을 움직이려 하지 않는가?" 하고 나지막이 물었다. 이 말에 상사는 무슨 소리냐는 듯이 "저는 명령을 내리는 상사입니다"라고 대답했다. 그러자 신사가 말에서 내

리더니 재킷을 벗고는 "자아, 우리 같이 한번 들어보세" 라고 말하며 병사들 사이에 끼어들었다. "하나, 둘, 셋!" 그러자 재목은 천천히 움직이기 시작했다. 신사는 말 없이 다시 말에 올라타더니 상사에게 "다음에 자네가 부하들과 함께 재목을 움직여야 할 일이 있으면 총사 령관을 부르게"라고 말했다. 그제야 상사와 병사들은 그 신사가 다름 아닌 조지 워싱턴 장군임을 깨달았다.

어느 중소기업의 경영이 악화되었다. 오너는 감원 을 하는 한편 남은 사원들의 감봉을 단행했다. 그러면 서 자기는 예전처럼 호화로운 생활을 계속했다. 그러 자 사원들의 불만은 늘어갔고, 사기도 떨어졌다. 결국 그 회사는 경영이 더욱 악화되어 마침내 도산하고 말 았다.

이와 대조적인 경영자가 있었다. 파산 직전까지 몰 린 회사를 떠맡게 된 그는 폭락한 회사의 주식을 자기 돈으로 대량 사들이며 사원들에게 비장한 각오를 보여 주었다. 그런 다음 인원 정리, 감봉 등의 조치를 취하 는 한편, 임원을 대폭 감축하고 수당을 없앴으며 자기 는 무보수로 일하겠다고 선언했다. 이에 감동한 전 사원은 불평 없이 일치단결하여 회사 재건에 힘썼다. 마침내 이 회사는 2년 후 흑자 경영으로 돌아섰다. 일본의 한 기업에서 실제로 있었던 일이다.

신뢰와 불신의 구조

"국민이 정부에 실망하고 집권자에 대한 불신과 비판이 커지면, 의혹은 오래 지속되고 심각해진다."

『스캔들』의 저자 수잰 가먼트가 분석한 결과다. 닉슨 대통령이 워터게이트 사건으로 실각한 것은 그가 평소에 교활한 딕Dick(리처드의 속칭)이라는 별명을 얻을 정도로 국민들 사이에서 신뢰를 받지 못했기 때문이다. 반면에 이란·콘트라 스캔들이 일어났을 때 레이건 대통령이 흔들리지 않았던 것은 평소 국민들이 그를 신뢰했기 때문이다. 한편 클린턴 대통령은 스캔들과 의혹이 끊이지 않았다. 특히 문제가 되었던 것은 대통령으로서의 적격성(병역 기피, 부정 선거자금 의혹, 여성 문제 등), 백악관 참모진과 비서들의 경험 부족, 공정하지 못한 인사 등이었다. 이런 많은 의혹들에 '불신의 구조'가 더해져 클린턴은 임기 내내 스캔들에 시달렸다.

우리나라에서는 흔히 처신에 능한 정치인에게 '정치 9단'이란 별명을 붙인다. 그런 소리를 칭찬으로 알아듣고 스스로 흐뭇해들 하는 모양이지만, 리더로서는 이보다 더 큰 흠도 없다. 따지고 보면, 그것은 전혀 신뢰할 수 없으며 언제 어떻게 변할지 모른다는 뜻이기 때문이다.

신뢰는 리더와 그가 이끄는 사람들을 하나로 묶어주는 인간적인 접착제다. 신뢰의 증가, 축적은 리더가 가져야 할 정통성의 척도가 된다. 그것은 덮어놓고 명령만 한다고 되는 것도 아니고, 돈을 주고 살 수 있는 것도 아니다. 공들여 신용을 쌓아나가고 인간적인 유대를 강화하는 가운데 비로소 가능해지는 것이다. 신뢰는 모든 조직의 기본이며, 조직 운영을 원활하게 해주는 윤활유이다.

우리나라에서는 정치 리더들이 툭하면 국민에게 덮어놓고 '나를 믿어달라'고 호소한다. 또 사장들은 어려운 고비를 맞을 때마다 사원들에게 이번만은 나를 믿고 따라와 달라고 호소한다. 뻔한 거짓말이라는 것을 잘 알고 있으면서도 사람들은 한 번 더 속는 셈치고 따라간다. 이는 신뢰를 바탕으로 한 것이 아니다. 그저 그럴 수밖에 없기 때문이다. 신뢰는 책임감이 있고 믿을 수 있는 사람에게만 품는 감정이다. 마키아벨리는 『군주론』의 '왜 군주는 신의를 지켜야 하는가'라는 장에서 교황 알렉산데르 6세를 다음과 같이 평했다.

"그는 어떻게 하면 사람들을 속일 수 있는가만 생각했다. 그처럼 약속의 말을 두루 뿌리고 다니고 그 약속을 실행하겠다고 굳게 맹세한 사람도 없지만, 동시에 또 그처럼 약속을 지키지 않은 사람도 없다. 그러면서도 그는 항상 그런 기만에 성공해왔는데, 아마도 그가 인간의 그런 측면에 대해 잘 알고 있었기 때문일 것이다."

참다운 신뢰는 기만에 바탕을 둔 것이어서는 안 된다. 1406년의 어느 겨울 날, 베네치아 공화국을 발칵 뒤집어놓은 사건이 일어났다. 카를로 젠이라는 60세의 권력자가 뇌물수뢰죄로 체포된 것이다. 그는 공화국의 원수 자리에 오른 적은 없었지만 베네치아에서 가장 신망이 높은 리더였다. 더욱이 그는 나라의 흥망을 결정지은 제노바와의 전쟁에서 절망에 빠져 있던 베네치아를 승리로 이끈 구국 영웅이었다.

특별 청문회에 출두한 그는 예전에 파도바의 영주가 곤경에 빠졌을 때 꿔줬던 돈을 돌려받은 것뿐이라며 자신의 결백을 주장했다. 그러나 만사에 소탈했던 그는 이 사실을 입증할 만한 증거 서류를 전혀 보관해두지 않고 있었다. 게다가 딱하게도 돈을 꿔줬다는 이가 죽은 다음이라 그를 위해 유리한 증언을 해줄 사람도 없었다. 베네치아 공화국에서는 공직자가 직권을 남용해 뇌물을 받거나 부정을 저지를 경우 무조건 사형이었다.

그런데 그가 받았다는 돈이 대가성이 있다는 뚜렷한 증거가 나온 것은 아니었다. 베네치아의 법정은 증거가 불충분했기 때문에 그에게 유죄 판결을 내릴 수 없었다. 여론은 그가 법적으로는 죄가 없을지라도 정치적 책임은 면할 수 없다는 쪽과 나라에 둘도 없는 유공자이자 나라의 미래를 위해 가장 필요한 인재인 그를 감히 처벌할 수 있겠느냐는 쪽으로 갈렸다. 청문회가 결론을 내리지 못하자 한 위원이 이렇게 말했다.

"여러분, 우리가 젠과 같은 훌륭한 인물을 매장하느냐 마느냐 하는 중대한 결정에서 주저하게 되는 것은 너무나도 당연한 일입니다. 그러나 다시는 젠만큼 훌륭한 인재가 나타나지 않으면 어쩌나 우려하는 한 인재는 나타나지 않을 것입니다. 정의의 나라에서는 인재가 메마를 염려가 없습니다. 여러분은 이 점을 잊지 말기 바랍니다."

결국 카를로 젠은 영구히 공직을 박탈당하고 2년 동안 실형을 살아야 했다. 베네치아 공화국은 신뢰를 저버린 리더를 끝내 용서하지 않은 것이다. 젠만큼 유능한 인물이 다시 나타나지 않으면 어쩌나 걱정하는 목소리도 있었지만, 그 후로도 베네치아 공화국은 젠 못지않게 뛰어난 인재들이 계속 등장하여 수백 년 동안 번영을 누릴 수 있었다.

부하를 신뢰해야 리더 그 자신도 신뢰를 얻을 수 있다. 유비가 조조의 공격을 받아 처자식까지 버리면서 포위망을 뚫고 간신히 도망쳤을 때의 일이다. 그런 와중에 장군 조운이 뒤처졌다. 그러자 "조운이 조조에게

투항했다"라고 유비에게 알리는 부하가 있었다. 유비는 손에 들고 있던 창을 그에게 던지면서 호령했다.

"무슨 소리를 하는 거냐. 그가 나를 배반할 까닭이 없다."

얼마 후에 조운이 포대기에 쌓인 유비의 어린아이를 안고 아이의 어머니를 보호하며 유비의 뒤를 쫓아왔다. 유비는 조운에게서 갓난아이를 받아들자마자 "이 못난 자식새끼야, 네 녀석 때문에 둘도 없는 장군을 잃을 뻔했다"라면서 땅바닥에 아들을 내동댕이쳤다. 이를 보고 조운은 군은君恩에 감동해 엉엉 울었다.

리더는 이왕이면 부하들에게 사랑을 받으면 좋다. 그것은 그리 어렵지 않다. 리더는 또한 부하들이 만만히 보지 못하는 두려운 존재가 되는 게 좋다. 그것도 그리 어려운 일은 아니다. 그러나 이 둘을 함께 이루기는 어렵다. 그래서 마키아벨리는 그런 이를 이상적인 리더라고 했다.

"이상적인 리더는 부하들에게 사랑과 두려움의 존재여야 한다."

로스앤젤레스 필하모닉 오케스트라의 지휘자 카를

로 마리아 줄리니가 이렇게 말한 적이 있다.

"내가 의도한 것은 권위로 누르지 않고 인간적인 교감을 하는 것입니다. 음악가는 군대의 장교가 아닙니다. 가장 중요한 것은 인간적인 교감입니다. 음악을 만들어낼 때 위대한 하모니의 신비를 이루려면 함께 일하는 사람들끼리의 참다운 우정이 필요합니다. 오케스트라의 모든 단원은 내가 그들과 함께 있으며 그들이 내 가슴속에 있다는 것을 알고 있습니다."

이는 비단 지휘자와 오케스트라 단원 사이에만 해당되는 얘기가 아니다.

아랫사람에게 명령을 내리고, 지시를 하고, 호통을 친다고 리더가 되는 건 아니다. 권력만 행사하는 리더의 권위는 오래 가지 않는다. 참다운 리더는 신뢰를 바탕으로 권력을 행사한다. 신뢰받는 리더가 되려면 물론 부하가 인정할 만한 실력을 가지고 있어야 하지만, 더 중요한 것은 인간성이다. 존경하고 호감을 갖게 하는 인간적인 매력이 있어야 한다.

국제 감각

1987년 10월, 일본의 어느 신문에서 수상에게 필요한 다섯 가지 조건을 다음과 같이 들었다.

1. 세계화 시대에 대응할 수 있어야 한다. 이는 영어를 할 줄 아느냐 모르느냐의 문제가 아니다. 자기 입장을 뚜렷하게 견지하면서 상대방과 교섭할 수 있는 능력이 있어야 한다.

2. 전체적인 상황을 이해하고, 사물의 본질을 파악하는 능력이 있어야 한다. 장관들이 할 일은 과감하게 그들에게 맡겨야 한다. 장관들이 할 수 없는 일, 전체 판세를 읽고 결단을 내릴 수 있는 능력을 갖

춰야 한다.

3. 국민을 계몽할 수 있어야 한다. 민심의 소재를 파
   악하는 것도 중요하지만 여론에 직접 호소할 수
   있는 능력을 아울러 갖추고 있어야 한다.

4. 외교와 경제에 강한 리더가 국익에 이롭다.

5. 신변이 깨끗해야 한다.

이 밖에 세계화 시대에 어울리는 리더가 되려면 폭
넓은 교양을 갖춰야 한다. 독일을 방문하면 모차르트
의 오페라를 즐길 줄 알고, 영국을 방문하면 셰익스피
어의 연극을 공연하는 극장을 찾을 줄 알아야 한다. 어
느 나라를 방문하든 그 나라의 역사에 관심을 가져야
한다. 과거 우리나라의 어느 대통령처럼 헝가리에 가
서 "헝가리도 언젠가 우리나라처럼 잘살 수 있다"면서
헝가리 사람들의 자존심을 건드리거나 또 다른 대통령
처럼 인도네시아에 가서 자기는 군사독재를 무너뜨리
는 데 일생을 바친 사람이라고 자랑하는 따위의 실수
를 저질러서는 안 된다.

후지제록스의 고바야시 요타로 회장은 자기에게 리

더십을 가르쳐준 사람은 제록스의 손자인 조 윌슨이었다고 말했다.

"훌륭한 인물과 여러 번 만나다 보면 그들이 왜 훌륭한가를 알게 된다. 그것이 정확히 무엇인지 말로 표현하기는 어렵지만 마음으로 느낄 수 있다. 그리고 나는 어떻게 하면 저 사람처럼 될 수 있을까 자문하게 된다."

윌슨은 고바야시에게 아스펜 인스티튜트의 강좌를 들으라고 했다. 고바야시는 처음에는 플라톤이나 아리스토텔레스, 구약성서를 읽어나가는 일에 회의도 느끼고 짜증도 났다. 그러나 차츰 자신의 관심이 종교, 역사, 문화로 확대되고 이에 따라 시야도 넓어지는 것을 깨닫게 되었다.

"모든 조직은 사람들로 이루어져 있다. 우리의 활동이 전 지구를 무대로 펼쳐지게 되면서 다른 지역에 살고 있는 사람들을 이해하고, 그들의 생각 깊숙한 곳까지 파고 들어가는 일이 매우 중요해졌다."

펩시의 로저 엔리코 회장은 젊었을 때 당시의 회장이던 도널드 켄덜에게 다음과 같은 리더십 교육을 받았다. 처음으로 회장이 자기를 불렀을 때, 그는 당연히 업무 보고를 위한 것이려니 생각하고 3백 쪽에 이르는 보고서에 차트까지 준비하고 회장실에 들어갔다. 그러나 뜻밖에도 회장은 시종 오페라 얘기만 했다. 다음에 불렀을 때도 엔리코가 준비한 차트는 거들떠보지도 않고 소련의 정치 상황에 대한 얘기만 꺼냈다. 켄딜 회장은 이런 식으로 엔리코에게 리더로서 가져야 할 넓은 안목을 키워줬던 것이다.

서양 사람들의 글을 보면, 일본 정치 리더들의 가장 큰 결점으로 유머 감각의 결핍을 꼽는 경우가 많다. 일본의 오히라 전 수상이 캐나다의 밴쿠버에 갔을 때 피에르 트뤼도 수상이 주최한 만찬에서 연설을 하게 되었다. 그는 연설 중에 현지 대학에 일본 정부가 50만 달러를 기부한다고 발표했다.

"브리티시컬럼비아대학의 아시아연구소에 50만 달러를 기부하기로 한 일본 정부의 결정을 발표하게 되어 매우 기쁩니다."

여기에는 '일본 연구를 위해' 그 돈이 쓰인다는 설명이 뒤따를 예정이었다. 그러나 캐나다 사람들은 그 말을 듣기도 전에 박수갈채를 보냈다. 멋쩍게 된 오히라 수상은 잠시 머뭇거리다가 머리를 긁적거리면서 "물론 일본 연구를 위해 쓰이는 것입니다"라고 말하며 살짝 웃음을 지었다. '물론'이라는 그 한마디에 여기저기서 더 큰 웃음과 박수가 터져 나왔다. 만약 그가 그렇게 말하지 않았다면 장내의 분위기는 흥이 깨진 듯 가라앉았을 것이고, 50만 달러를 기부하는 일도 생색이 나지 않았을 것이다.

외교란 유머감각 없는 관료적인 보좌관들이 써주는 정중하지만 무미건조하고 멋없는 연설문을 읽어나가는 것으로 끝나는 게 아니다. 즉석에서 주고받는 재치 있는 한두 마디, 분위기에 맞는 짤막한 즉석 유머가 더 중요할 때도 있다. 그런데 우리 대통령들은 예외 없이 모두가 목에 힘을 잔뜩 주고, 전혀 윤기가 없는 연설을 한다. 웃음을 자아내는 구절도 없고, 여유도 없다. 영어를 어느 정도 한다면 수월하긴 하겠지만, 그렇다고 그런 유머감각이 유창한 영어 실력에서 나오는 것은 아니다.

오히라 수상이 오타와에 있는 캐나다 의회에서 연설을 할 때였다. 그는 미리 준비한 연설문을 읽다가 프랑스어로 'excusez-moi'라고 말하는 대목에서 "엑스 퀴 제무아"라고 엉뚱한 발음을 했다. 그래도 의원들은 의례적으로 박수를 보냈다. 자기 발음이 어색했다고 생각한 수상은 다시 천천히 "엑스퀴 제무아"라고 발음했다. 캐나다 의원들은 그 노력이 가상하다 생각했는지 먼저보다 더 많은 박수를 보냈다. 그러나 오히라 수상은 다시 한 번 발음을 시도했다. 이번에는 발음이 제대로 나왔다. "엑스퀴제 무아." 그러자 의사당은 박수와 웃음으로 터져 나갈 지경이 되었다. 이 장면은 그 후 여러 번 텔레비전을 통해 방영되었다. 그것은 오히라 수상을 망신 주기 위해서가 아니라 그의 온후하고 순박한 면에 인간적인 호감을 느꼈기 때문이다.

오히라 수상은 외국어를 못하는 사람이 아니었다. 「뉴욕 타임스」의 사설을 매일같이 읽고 셰익스피어의 작품을 원서로 즐겨 읽을 만큼 영어에 능통한 정치가였다. 물론 영어만 잘한다고 국제무대에서 환영받는 건 아니다. 깊은 교양이 바탕에 있어야 존경도 받게 된다.

미야자와 기이치 수상이 대장상(현 재무상)이었을 때의 일이다. 그는 외국인들과의 공식 석상에서 공정 이

4장 리더십의 재구성

309

자율을 내리게 된 것에 대해 "그것은 매우 시기적절한 조치였다"라고 설명하면서 이렇게 덧붙였다.

"'인생살이에는 밀물과 썰물이 있다There is a tide in the affairs of men.' 누군가 이런 말을 하지 않았던가요?"

이는 셰익스피어의 『율리우스 카이사르』의 4막에 나오는 대사다. 그것을 박식한 체하고 "셰익스피어가 말하기를……" 하지 않고, 슬쩍 "누군가 이런 말을 하지 않았던가요?"라고 말한 덕분에 그는 참석한 외국인들의 갈채를 받았다.

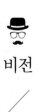

비전

21세기의 가장 바람직한 리더는 비전이 있는 사람이다. 세상은 눈부신 변화를 거듭하고 있다. 그런 가운데서 한 나라나 기업을 잘 이끌어 나가려면 활력에 넘치는 비전이 있어야 한다.

"현명한 군주가 정치의 수단으로 삼는 것이 세 가지 있다. 첫째가 이익, 둘째가 권위, 셋째가 이상이다. 이익으로 민심을 끌어들이고, 권위로 명령을 따르게 하고, 이상(비전)으로 화합을 도모한다. 이 세 가지가 기본이며, 그 밖은 부수적인 것에 지나지 않는다."

다름 아닌 한비자의 말이다. 그는 정치와 리더십의 기본을 너무나도 잘 파악하고 있었다.

뛰어난 리더는 개혁자다. 지금까지 남이 하지 않았던 것, 남이 하지 못했던 것을 하는 사람이다. 남보다 앞서 새로운 것을 만들고, 옛것을 새롭게 만든다. 과거를 교훈으로 삼고 미래를 내다보며 현재를 산다. 또한 직관적이고 창의적이며 종합하는 능력이 뛰어나야 한다. 아울러 시심詩心, 곧 예술적인 자질과 미래를 전망할 수 있는 능력까지 있으면 더 좋다. 그러기 위해서는 상상력이 필요하다. 마키아벨리는 이렇게 말했다.

"군의 지휘관에게 가장 중요한 자질이 무엇이냐고 묻는다면 나는 상상력이라고 답할 것이다. 어느 직업에서나 상상력 없이 대성하기란 불가능하다."

알렉산더 대왕은 풍부한 상상력의 소유자였다. 그가 동서를 하나로 묶어 웅대한 세계를 이룬 것도 바로 상상력 덕분이었다. 알렉산더 대왕에게는 동서 세계를 하나로 만들겠다는 큰 꿈이 있었다. 그 꿈을 실현하기 위해 군대를 이끌고 그리스를 떠나기에 앞서 그는 부하 장군들의 살림살이를 조사했다. 그리고 그들이 안심하고 싸움터로 떠날 수 있도록 자기가 아끼던 보물과 땅을 모두 나눠 주었다. 이를 보고 한 신하가 물었다.

"저는 폐하께서 왜 보물을 모두 부하들에게 나누어 주시는지 모르겠습니다. 그러면 폐하의 보고가 텅 비지 않습니까?"

"내가 가지고 있는 보물을 모두 나눠 주는 것이 아니다. 내가 가장 아끼는 보물만은 어떤 일이 있더라도 포기하지 않겠다."

"폐하께서 가장 아끼시는 보물이란 도대체 어떤 것입니까?"

"그것은 다름 아닌 희망이다. 희망이 있기 때문에 비로소 오늘의 내가 될 수 있었다."

이 말을 듣고 그 신하는 "그렇다면 함께 싸우는 우리도 대왕의 희망을 함께 나눠 가지게 해주십시오"라며 자신에게 분배된 재산을 반납했다. 그러자 다른 신하들도 뒤따라 재산을 반납했다.

알렉산더를 대왕으로 만든 것은 명예욕도 권력욕도 물욕도 아니었다. 바로 희망이었다. 그가 건설한 새 도시 알렉산드리아는 그와 신하들의 희망을 모은 결정체나 다름없었다. 개인과 마찬가지로 나라도 구석구석이 희망으로 가득 차 있을 때 흥한다. 훌륭한 정치가는 국민에게 희망을 안겨준다. 처칠이 위대한 정치가인 것은 그가 절망적인 상황에 처해 있던 영국 국민에게 희망을 안겨주었기 때문이다. 케네디가 이렇다 할 업적을 남기지 않았음에도 불구하고, 미국 국민이 그를 잊지 못하는 것도 그가 온 나라에 희망을 불어넣었기 때문이다.

언젠가 일본 NHK에서 「네트워크 정글」이라는 특집 프로그램을 방송했다. 싱가포르와 인도네시아, 말레이시아가 눈부시게 약진하는 모습을 보여주는 내용이었다. 길이 없던 정글이 개발되어 첨단 산업 공장이 들어서고, 싱가포르와 말레이시아를 갈라놓던 바다 위로 한강 다리의 열 배가 넘는 긴 다리가 만들어지고 있었다. 또 말레이시아에서는 세계에서 제일 큰 정보통신센터가 완공을 서두르고 있었다. 해설자는 이 세 나라가 경이적인 발전을 할 수 있는 것은 무엇보다도 리더를 잘 만났기 때문이라고 말했다. 그는 특히 싱가포르의 리콴유 수상과 말레이시아의 마하티르 수상을 아낌없이 찬양했다.

리콴유와 마하티르에게는 강력한 리더십이라는 공

통점이 있다. 그러나 그보다 더 큰 공통점은 나라 살리기라는 뚜렷한 비전을 가지고 있었다는 점이다. 리콴유가 35세의 젊은 나이에 수상 자리에 오를 수 있었던 것은 그의 탁월한 정치적 수완 때문이었지만, 그가 싱가포르를 30년 넘게 이끌며 아시아에서 제일 잘사는 나라로 성장시킬 수 있었던 것은 그에게 비전이 있었기 때문이다. 물론 그는 국내외에서 독재자라는 비난도 받고 있다. 국민에게서 자유를 빼앗고 민주주의와 인권을 억압하여 '아시아의 히틀러'라는 불명예스러운 별명도 얻었다. 하지만 그 가운데서도 국내외의 광범위한 지지를 유지할 수 있었던 것은 그가 스스로 부패하지 않고 뚜렷한 비전을 제시했기 때문이고, 그 길이 최선임을 국민들이 믿게 했기 때문이다. 리콴유가 수상 자리에서 물러났을 때 어느 외신 기자가 리더에게 가장 중요한 요소가 무엇이냐고 물었다. 그는 이렇게 대답했다.

"가장 중요한 자질은 여론조사나 압력단체에 흔들리지 않고 지속해나가는 능력과 의지다. 그리고 건강하고 튼튼한 정신, 청결한 마음, 무쇠와 같은 결의를 가지고 있다면 더 큰 도움이 된다."

몇 년 후에 다른 기자가 똑같은 질문을 하자 그는 "가장 중요한 것은 비전"이라고 짤막하게 대답했다. 그는 처음부터 '기술 입국'이라는 비전을 가지고 있었다. IT가 21세기의 유망 산업이라는 방향도 일찍부터 제시했다.

마하티르 수상에게도 확고한 신념과 비전이 있었다. 그는 방콕에서 있었던 아시아-유럽 정상회담에서 "아시아적인 가치는 보편적인 것이며 유럽의 가치는 유럽적인 것에 지나지 않는다"라고 자신감 넘치는 목소리로 연설을 하기도 했다. 그가 최첨단 정보통신센터를 만들겠다는 모험에 가까운 결단을 내린 것도 말레이시아의 30년 후를 내다본 비전 때문이었다. 1996년에 그가 외자 유치를 위해 미국에 갔을 때의 일이다. 한 기자가 짓궂은 질문을 던졌다.

"당신네 나라처럼 국민 소득도 낮고, 기술적으로도 뒤처진 나라에서 과연 그처럼 거대한 정보통신센터를 성공시킬 수 있겠는가?"

그러자 마하티르 수상은 표정 하나 바꾸지 않고 이

렇게 대답했다.

"현대 문명의 혁신은 문명의 정상에 올라 있던 유럽이 아니라 개척자 정신이 있었던 미국에 의해 이루어졌다. 당시 유럽은 얻는 것보다 잃는 것이 더 많다고 생각했지만, 미국은 무엇을 하든 잃을 게 없다고 생각했다. 지금 우리 말레이시아는 예전의 당신들처럼 잃는 것보다 얻는 게 더 많다고 생각한다. 아니 확신한다."

리콴유와 마하티르는 비전에 따라 행동했지만, 그 비전은 환상이나 허황된 꿈이 아니었다. 그들에게 비전은 오늘과 내일을 연결하는 희망의 다리였다. 그들은 가장 현실적인 개척자path-finder였다. 비전은 리더의 상품이고, 권력은 리더의 화폐라는 말이 있다. 리더의 기본 사명은 희망과 꿈을 지속시키는 것이다. '리더는 희망의 상인'이라는 나폴레옹의 말도 있다. 리더는 현재의 상황을 분석하고, 그중에서 어느 부분이 조직의 미래를 위해 중요한가를 결정하고, 새로운 방향을 설정하고, 여기에 모든 사람이 관심을 집중하도록 해야 한다. 새로운 방향을 설정하기 위해서는 우선 조직에 바람직하고 실현 가능한 미래가 어떤 모습일지 구체적인 이미지가 있어야 한다. 이 이미지가 바로 비전이다. 그것은 꿈처럼 막연할 때도 있고, 구체적인 목표나 사명처럼 명확할 때도 있다.

비전은 현재와 미래를 맺어주는 다리이다. 구성원들이 미래에 대한 공통적인 비전을 갖고 있다면 조직의 효율성이 높아진다. 각 개인이 자기가 속한 조직에 무엇이 좋고, 무엇이 나쁜지를 신속히 판단할 수 있기 때문이다. 다시 말해서 어떤 결과가 바람직한 것인지를 알고 있기 때문에 상부의 지시를 기다리지 않고도 스스로 신속하게 어려운 결정을 내릴 수 있다. 휴렛패커드의 회장 존 영은 "성공적인 회사는 위에서부터 말단 사원에 이르기까지 분명한 미래상을 가지고 있다. 아무리 뛰어난 경영 전략도 그런 일치된 미래상이 없다면 실패할 것이다"라고 말했다.

리더는 비전에 관심을 집중시키면서 가치, 열망 등 조직의 감정적, 정신적인 자원들에도 영향을 준다. 한편 관리자는 자본, 기술, 원료, 테크놀로지 등 조직의 물리적 자원들만을 다룬다. 유능한 관리자는 사람들이 생계를 이어갈 수 있게 하고, 일이 생산적 효과적 계획적으로 그리고 높은 수준에서 수행될 수 있게 한다. 한편 훌륭한 리더는 일하는 사람들이 자기 일에서 자부심과 만족감을 느낄 수 있게 한다. 그 일이 얼마나, 어떻게 사회에 공헌할 수 있는가를 일깨워 높은 성취감을 안겨준다. 또한 자신이 조직에 중요한 사람이고 쓸모 있는 존재임을 느끼게 하고, 일에서 보람을 찾을 수 있게 한다. 물질적인 것뿐만 아니라 가치, 의미 같은 것들도 인간의 가장 기본적인 욕구다. 참다운 리더는 여기에 호소한다.

"국민 여러분, 지금은 국가가 나에게 무엇을 해줄 것인가를 물을 때가 아닙니다. 내가 국가를 위해 무엇을 할 수 있는가를 물어야 할 때입니다."

이 한마디가 당시의 미국인들을 얼마나 고무하고, 그들의 마음속에 애국심을 불러일으켰는지 모른다. 이처럼 리더가 전달하는 비전은 사람들에게 자신감을 불어넣고, 각자 자신의 자리에서 자기 일을 통해 조직에 기여할 수 있다는 신념을 갖게 한다.

위대한 리더는 마치 선천적으로 초월적인 천재성을 가진 사람들이고, 스스로 비전을 창조할 수 있는 이들인 듯 묘사되는 경우가 많다. 그러나 실제로 비전은 리더 자신이 아니라 다른 사람들에 의해 마련되는 경우가 많다. 케네디는 역사책을 읽으며 위대한 인물들의 사상을 연구하는 가운데 자기만의 비전을 키워나갔다. 좋은 비전을 갖기 위해 리더는 남의 말에 귀 기울일 줄 알아야 한다. 새롭고 색다른 소리를 항상 듣기 위해서는 광범위하게 공식, 비공식 채널을 마련해야 한다. 성공적인 리더는 훌륭한 질문자, 곧 폭넓은 정보 수집가라야 하며 자기와 관련된 모든 것에 비상한 관심을 가지고 있어야 한다.

리더가 올바르고 분명한 비전을 가지려면 또한 멀리 앞을 내다볼 줄 알아야 한다. 다시 말해서 선견지명이 있어야 한다. 마키아밸리는 이렇게 말했다.

"고대 로마인은 어떤 문제에 맞닥뜨렸을 때 현명한 군주라면 누구나 하는 방식으로 대처했다. 곧 그들은 눈앞의 문제에만 도움이 되는 대책을 강구하지 않았다. 앞으로 일어날 수 있는 사태에 대해서도 고려하는 일을 게을리 하지 않았다. 로마인은 온갖 노력을 다해서 문제가 싹트기 전부터 잘라버리는 일을 게을리 하지 않았다."

한편 닉슨은 『20세기를 움직인 리더들』에서 이렇게 말했다.

"처칠과 맥아더 둘 다 자부심이 강하고 허영심이 있고 모순투성이의 인물이었지만, 역사를 긴 안목에서 꿰뚫는 눈은 실로 정확했다. 그들이 자신의 운명을 바라보는 눈은 대체로 조국의 운명에 대한 관심과 일치했다."

리더의 비전을 키우는 데는 사명감도 큰 역할을 한다. 위대한 리더들은 자기가 국민을 이끌어야 하는 숙명을 타고났다고 믿곤 한다. 처음에는 그런 운명을 의식하지 못하다가 차츰 마음속에 키우게 되는 경우도 있다. 어찌 보면 과대망상증 같기도 하지만 나폴레옹, 링컨, 루스벨트, 처칠과 같은 비전 있는 리더를 만든 것은 이런 숙명과도 같은 사명감이었다. 그들은 투철한 사명감을 품고 사람들이 원하는 것, 필요로 하는 것이 무엇이고, 그것을 위해 자신이 할 수 있는 일은 무엇인지를 치열하게 고민했다.

부록

리더십 체크리스트

맥아더 장군의
리더십 체크리스트

권력자는 자기에게 얼마나 리더십이 있는지 모를 때가 많다. 또 오랫동안 권력의 자리에 앉아 있다 보면 자기가 제대로 리더십을 발휘하고 있는지 잘 느낄 수 없게 된다. 그렇게 되지 않기 위해 더글러스 맥아더 장군은 아래와 같은 17가지 리더십 체크리스트를 만들어 수시로 자기 점검을 했다.

1. 나는 부하를 부당하게 비방하고 있지는 않은가? 그들을 늘 격려하고 기운을 북돋워주고 있는가?
2. 나는 자신이 부적격자임을 스스로 증명한 부하를 제대시킬 때도 그에게 정신적인 용기를 주었는가?

3. 나는 약한 인간이나 잘못을 저지른 인간을 구출해내기 위해 전력을 쏟고 격려했는가?

4. 나는 내가 책임지고 있는 부하의 이름과 성격에 대해 많이 알고 있는가? 그들의 마음속까지 알고 있는가?

5. 나는 내 일에 대해 그것을 수행하기 위한 능력, 필수적인 요소, 목적, 관리법 등 모든 것을 숙지하고 있는가?

6. 나는 남에게 부당하게 화내는 일은 없는가?

7. 나는 부하가 나를 기꺼이 따르고 싶게 행동하고 있는가?

8. 나는 내가 해야 할 일을 남에게 맡기고 있지는 않은가?

9. 나는 모든 것을 부당하게 내 것으로 만들고, 아무것도 남에게 맡기지 못하는 것은 아닌가?

10. 나는 부하에게 실행 가능한 책임을 맡겨 그들이 자립할 수 있도록 돕고 있는가?

11. 나는 부하의 개인적인 행복에 대하여 그의 가족처럼 관심을 갖고 있는가?

12. 나는 다른 사람이 자신감을 가질 수 있게 냉정한 언행을 보여주고 있는가? 화를 내거나 흥분하는 일은 없는가?

13. 나는 인격, 몸가짐, 예의 등에서 늘 부하의 모범이 되고 있는가?

14. 나는 혹시 상관에게는 상냥하고 부하에게는 심술궂은 태도를 취하지는 않는가?

15. 나는 다른 사람들 앞에서 부하를 야단치지는 않는가?

16. 나는 '일'보다도 '지위'를 우선으로 생각하고 있지는 않은가?

17. 내 방의 문은 부하에게 언제나 열려 있는가?

피터 드러커의
체크리스트

    피터 드러커는 대통령이 반드시 지켜야 하는 여섯 가지 원칙을 제시했다.

1. **대통령이 해야 할 첫 번째 질문은 '무슨 일을 해야만 하는가'이다.** 대통령은 자기가 개인적으로 하고 싶은 일이 아니라 나라를 위해 마땅히 해야 할 일을 우선해야 한다.

2. **해결 가능한 한 가지 일에 집중하여 정력과 관심을 분산시키지 말아야 한다.** 대통령이 해야 할 일은 너무나도 많지만 중요한 하나를 선택하지 못한다면 결국 아무것도 해결하지 못한다. 프랭클린 루스벨트

는 히틀러가 유럽에서 위협적인 존재가 되고 일본의 중국 침략이 시작되었지만 처음 5년 동안은 국내 문제에 전념했다. 그러다가 하루아침에 국제 문제를 우선순위에 놓았다. 린든 존슨은 베트남 전쟁과 빈곤과의 싸움을 동시에 벌였다. 그 결과 그는 두 전쟁에서 모두 졌다. 대통령은 당장 해결해야 하는 문제를 우선순위에 놓아야 한다. 그것은 실현 가능하고 시급히 끝낼 수 있는 것이라야 하며, 그러자면 한정된 목표여야 한다. 레이건은 이 원칙을 따랐다. 그는 1981년에 인플레이션을 막는 것을 당면 과제로 삼았으며 이를 위해 이자율을 껑충 올려놓았다. 그것이 엄청난 불황을 초래하리라는 것은 웬만한 경제학도들도 알 만한 일이었다. 아닌 게 아니라 실업률이 7.5퍼센트에서 10퍼센트로 뛰어올랐다. 그러나 그렇게라도 하지 않으면 인플레이션을 막을 길이 없었다. 인플레이션을 억제하는 데 성공하자 레이건은 이번에는 취업 확대책을 썼다. 이리하여 그는 국민의 전폭적인 신뢰를 얻을 수 있었다.

3. 아무리 확실해 보이는 일이라도 섣불리 확신해서는 안
   된다. 자기 힘을 과신하거나 일을 만만하게 봐서는
   안 된다. 정치에 위험이 없을 수는 없다. 항상 부작
   용이 있고 예기치 않던 일이 발생할 수도 있다.

4. 유능한 대통령은 자질구레한 일에는 참견하지 않는다.
   대통령이 해결해야 할 과제는 조직적이고 가장 정
   력적인 인간도 처리하기 어려울 만큼 많다. 각각의
   현장에서 전해 오는 정보와 보고를 일일이 검토하
   기에는 시간이 부족하다. 따라서 대통령은 자기가
   하지 않아도 되는 일은 하면 안 된다. 프랭클린 루
   스벨트는 열 명의 장관 중에서 국무장관을 제외한
   아홉 명 모두를 테크노크라트, 즉 기술 관료로 채웠
   다. 그는 "내가 결정을 내리고 그다음에는 문제를
   장관에게 넘긴다"라고 말했다. 덕분에 그의 재임 기
   간에 그렇게 많은 정부 예산이 집행되었음에도 불
   구하고 단 한 건의 스캔들도 발생하지 않았다.

5. 대통령은 정부 안에 친구를 두어서는 안 된다. 이는 링
   컨의 격언이기도 하다. 정부 안에 있는 대통령의
   친구들은 대통령의 신임을 빙자해서 권력을 남용

하기 쉽다. 대통령은 외로운 자리라 자기가 믿는 친구나 부하들을 곁에 두고 싶기 마련이지만, 그럴수록 더욱 그런 유혹에 빠져서는 안 된다. 시어도어 루스벨트는 매우 사교적이고 친구도 많았지만 단 한 명도 정부 요직에 임명하지 않았다.

6. **대통령에 취임한 뒤에는 정치적 캠페인을 그만두라.** 즉 인기를 얻으려 하지 마라. 이는 트루먼이 갓 당선된 케네디에게 해준 충고였다. 잠시 끓어오른 여론에 취하면 판단력을 잃고 잘못된 결정을 내리기 쉽기 때문이다. 대통령이 되기 이전과 된 이후에는 여론을 보는 눈을 달리해야 한다.

못된 리더의
체크리스트

제갈공명에 따르면 다음과 같은 사람은 리더로서 자격이 없다.

1. 탐욕스럽다.
2. 유능한 사람을 시기한다.
3. 남의 중상에 귀를 기울이고, 아첨꾼을 가까이한다.
4. 상대방의 일에 대해서는 이리저리 추측하면서 자신에 대해서는 알려고 하지 않는다.
5. 우유부단하고 결정을 내리지 못한다.
6. 주색을 좋아하고 한도를 모른다.
7. 음흉하고 겁이 많다.

8. 언변에 능하고, 오만무례한 언행을 자주 한다.

『손빈병법』에도 실패하기 쉬운 통솔자의 조건 스무 가지가 나온다. 중요한 몇 가지만 꼽아보자면 아래와 같다.

1. 능력이 없는데 있는 줄로 착각한다.
2. 태도가 오만하다.
3. 욕심이 많다.
4. 경솔하다. 그런데도 자기는 결단력이 있다고 착 각한다.
5. 우둔하다.
6. 용기가 없다.
7. 용기는 있는데 머리가 없다.
8. 적당히 넘어가고 무책임하다.
9. 잔인하고 도리에 어긋나는 일을 일삼는다.
10. 독단을 일삼는다.
11. 규율을 위반한다.

꼭 필요한 리더와
그렇지 않은 리더

언젠가 미국의 기업 잡지 「시스템」에서 '우리 회사
에는 어떤 리더가 필요한가'라는 설문조사를 실시했
다. 그 결과는 다음과 같았다.

1. 약속한 대로 실행하는 인물

2. 의지가 단단하고, 사소한 일에 들뜨지 않는 사람

3. 어떤 문제에 대해서도 일정한 의견을 가진 사람

4. 작은 일이나 큰일이나 진지하게 대처하는 사람

5. 자신의 야심이 아니라 사회와 인류에 도움이 되는
   포부를 갖춘 사람

6. 민첩하게 기회를 포착하는 사람

7. 용기와 결단력이 있는 사람

8. 여러 사람 가운데서도 개성을 잃지 않는 사람

9. 하기 싫은 일, 미천한 일도 마다하지 않는 사람

10. 실패하고도 낙담하지 않는 사람

한편 '우리 회사에 필요하지 않은 사람은 어떤 사람인가'에 대한 답은 아래와 같았다.

1. 입만 살아 있는 사람

2. 자존심이 너무 강하고 그 자리의 분위기에 어울리지 못하는 사람

3. 어떤 문제에도 일일이 참견하는 사람

4. 큰일, 작은 일을 분간하지 못하는 사람

5. 툭하면 대의명분을 내세우는 과대망상적인 사람

6. 눈앞의 일에 너무 정신이 팔려서 큰 그림을 못 보고 일을 그르치는 사람

7. 신중하지 못하고 저돌적인 사람

8. 협력과 화합의 정신이 결여된 독선적인 사람

9. 자기 본분을 다하는 일에 긍지를 갖지 못하는 사람

리더와 보스

1997년 10월 15일 1판 1쇄
2014년 11월 30일 1판 22쇄
2015년 12월 24일 2판 1쇄

지은이 | 홍사중

편집 | 이진 · 이창연
디자인 | 권지연
제작 | 박흥기
마케팅 | 이병규 · 양현범

출력 | 한국커뮤니케이션
인쇄 | 천일문화사
제책 | 정문바인텍

펴낸이 | 강맑실
펴낸곳 | (주)사계절출판사
등록 | 제406-2003-034호
주소 | (우) 10881 경기도 파주시 회동길 252
전화 | 031)955-8588, 8558
전송 | 마케팅부 031)955-8595 편집부 031)955-8596
홈페이지 | www.sakyejul.co.kr   **전자우편** | skj@sakyejul.co.kr
독자카페 | 사계절 책 향기가 나는 집 cafe.naver.com/sakyejul
페이스북 | facebook.com/sakyejul
트위터 | twitter.com/sakyejul

© 홍사중, 2015

ISBN 978-89-5828-930-2 03300

이 도서의 국립중앙도서관 출판예정도서목록(CIP)은 서지정보유통지원시스템 홈페이지(http://seoji.nl.go.kr)와
국가자료공동목록시스템(http://www.nl.go.kr/kolisnet)에서 이용하실 수 있습니다. (CIP제어번호: CIP2015034080)